PARIS

Et ses Environs.

PARIS

ET

SES ENVIRONS.

Promenades Pittoresques.

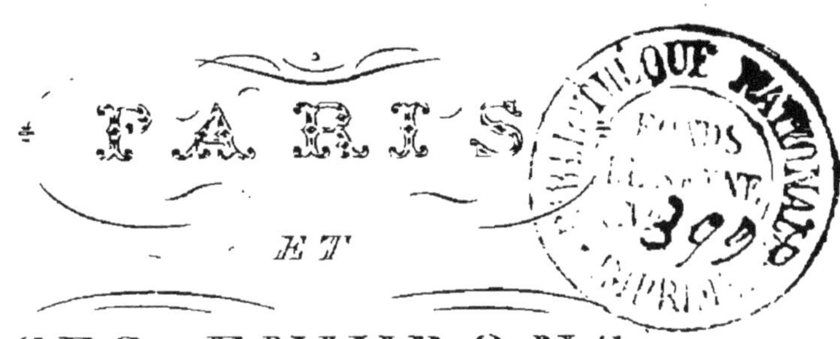

Palais de la Bourse.

— **PARIS** —

LOUIS JANET, Libraire, Rue St. Jacques N.º 59.

Un Mot au Lecteur.

—

Si Paris peut passer pour la première ville de France, de l'Europe, du monde entier; si ses monuments, ses chefs-d'œuvre, son industrie, ses arts, son commerce, font, de nos jours sur-tout, la juste admiration des étrangers, combien de sources de jouissance les tableaux variés, les sites pittoresques, les beautés naturelles, les aspects enchanteurs de ses environs, n'offrent-ils pas encore à l'amateur curieux, au voyageur! Sous ce dernier point de vue, quelle autre cité lui pourrait être comparée! Par-tout s'élèvent, autour de la capitale, des palais somptueux, de magnifiques châteaux, des maisons de plaisance, des habitatons délicieuses. Que de sensations diverses se succèdent dans l'ame de l'étranger qui, pour la première fois, est appelé à contempler tant de merveilles! quels charmes indéfinissables il trouve à égarer ses pas au milieu de cette foule de bois, de parcs, de jardins, de bosquets, de villages, si riches en souvenirs! C'est ce que nous avons fait nous-même; et les impressions que nous avons éprouvées dans nos excursions vagabondes, nous les consignons ici sans recherche et sans art.

PARIS

Et ses Environs.

PROMENADES PITTORESQUES.

Paris.

Paris est une cité sans rivale en France, dans toute l'Europe, j'oserais presque dire dans les quatre parties du monde. Tracer une esquisse succincte de l'origine, de l'histoire, des monuments, des mœurs de cette ville superbe, n'est donc pas chose aisée.

Une sombre obscurité couvre l'origine de Paris; on ignore quels furent ses premiers habitants. Cinquante ans avant l'ère chrétienne,

Jules-César trouva, là même où se voit encore la Cité, certaine bourgade chétive, couverte de huttes grossières ; les Gaulois la nommaient *Loutou Héri*, habitation au milieu de l'onde. Les eaux de la Seine lui servaient de rempart. Des marais fangeux, des bois épais, une sombre forêt, occupaient le vaste espace aujourd'hui couvert de palais somptueux, de places publiques, de monuments magnifiques. César, obligé de retourner en Italie, laisse ses lieutenants dans les Gaules. Une révolte universelle éclate, Lutèce entre dans cette ligue. Labiénus, déja vainqueur de vingt peuples, se présente devant cette île ; deux fois il est repoussé. Craignant toutefois d'être surpris au sein de leurs retraites, les habitants de Lutèce brûlent leurs maisons, abandonnent les restes encore fumants de leurs demeures, et s'en vont attendre fièrement les Romains sur les hauteurs voisines : un combat terrible s'engage ; le sang romain coule à grands flots ; enfin la légion de Labiénus triomphe. Camulogène, chef des Gaulois, et ses plus braves soldats, périssent. Le reste des vaincus se disperse dans les forêts.

Bientôt César bâtit une ville nouvelle sur les ruines de Lutèce ; il la fortifie de murailles, et les vaincus échangent leur culte barbare contre les superstitions romaines. Alors Jupiter se trouve honoré dans la cité, Mars possède un temple à Montmartre, Isis est adorée à Issy, et Mércure déifié sur cette enceinte qu'aujourd'hui nous appelons montagne Sainte-Geneviève. Peu à peu la sagesse des lois romaines parvint à tempérer la barbarie des mœurs gauloises.

Mais cinq cents ans se sont écoulés : Paris s'agrandit tant au nord qu'au sud de nouveaux édifices ; on en fait le siège d'un préfet des Gaules ; plusieurs empereurs même y font tour-à-tour leur résidence. Enfin, l'an 250, saint Denis présente les lumières du christianisme ; deux cents ans plus tard, les Francs font la conquête de Paris ; en 508, Clovis établit là son empire. Jusqu'ici déjà cette pauvre Lutèce a passé dans bien des mains ; d'autres destinées l'attendent. Sous Charlemagne, cette capitale acquiert plus d'importance ; puis, sous ses faibles successeurs, elle tombe au pouvoir de comtes héréditaires. En 845, les Normands la pillent; en 856, la réduisent en cendres; en 872, la saccagent; enfin même, en 885, ils reviennent de nouveau mettre le siège devant Paris, Eudes les chasse : pour prix de sa valeur, il est couronné.

On peut assigner à l'époque du règne de la dynastie des Capets les premières fortifications et les premiers agrandissements de la capitale. Sous Philippe-Auguste, elle se voit embellie de monuments remarquables, au nombre desquels la basilique de Notre-Dame. Nous passerons sous silence les diverses métamorphoses plus ou moins importantes que subit Paris depuis saint Louis jusqu'à François Ier. Ce dernier monarque s'efforça de rendre son règne fameux par les édifices admirables qu'il fonda. Les vieilles tours du Louvre furent remplacées par un palais digne des rois de France; il rebâtit l'hôtel-de-ville, fit percer une foule de rues, élever des églises. Henri IV, à son tour, acheva le Pont-Neuf, fit tracer la place Royale, fonda l'hôpital Saint-Louis. Sous Louis XIII, on éleva le portail de Saint-Gervais, l'aqueduc d'Arcueil fut pratiqué ; on bâtit les maisons , les quais , les ponts de l'île Saint-Louis. On jeta, en 1615, les fondations du palais du Luxembourg ; la Sorbonne fut rebâtie, en 1627, aux dépens de Richelieu. En 1635, le Jardin du Roi commença d'être consacré à la culture des plantes étrangères ; les premiers fondements du Palais-Royal furent posés en 1629. Enfin, pour la première fois, on vit à Paris des places publiques décorées des statues de nos rois.

Louis XIV montant sur le trône, un règne de gloire et de prospérité commença pour la France. On vit donc s'élever à Paris, et comme par enchantement, des arcs de triomphe, la superbe colonnade du Louvre, la place Vendôme, celle des Victoires ; l'hôtel des Invalides fut construit, de même que l'hospice des Enfants-Trouvés. La piété fonda le Val-de-Grace et trente-trois églises ; l'amour des sciences, l'Observatoire ; celui des arts, la manufacture des glaces et des Gobelins. Plus de quatre-vingts rues nouvelles s'ouvrirent sur tous les points de la capitale. Le Pont-Royal offrit une communication facile entre les Tuileries et le faubourg Saint - Germain ; les anciens quais furent réparés ; de nouveaux ports ouverts pour la commodité du commerce. Louis XV ne se montra guère moins jaloux de l'embellissement de la capitale ; et successivement Louis XVI fit mettre la dernière main aux monuments commencés par son aïeul. C'est depuis cette époque sur-tout que l'observateur et l'historien marchent à Paris de prestiges en prestiges, de merveilles en merveilles. Le Carousel n'est plus, comme autrefois, obstrué de masures qui déshonoraient l'aspect du séjour des rois ; les jardins des Tuileries sont accrus, embellis ; la rue de Rivoli s'élève, parée de maisons élégantes ; quatre ponts d'une construction hardie sont jetés devant le Louvre, le Jardin du Roi, à l'île Saint-Louis, et devant l'École militaire. Quinze cents toises de nouveaux quais tiennent les eaux de la Seine captives dans leur lit ; des ports plus beaux sont formés sur ses bords ; quinze belles fontaines versent de toutes parts une eau abondante. Le palais du Luxembourg est restauré ; ses tristes

AVENUE DES CHAMPS ÉLYSÉES.

jardins ont pris le plus riant aspect; une superbe avenue unit ses monuments à l'Observatoire; l'archevéché est agrandi; de vastes halles se sont élevées pour le commerce des vins. On a construit à neuf et presque à-la-fois les marchés Saint-Martin, Saint-Joseph, Saint-Germain, et celui de la place Maubert. Cinq abattoirs ont été bâtis au-dehors de Paris; de vastes greniers de réserve sont sortis de terre, comme par enchantement, pour préserver cette immense cité des horreurs de la famine. De nouveaux quartiers brillants, tels que la nouvelle Athènes, le quartier de Londres, vont s'élever sur tous les points de la capitale. Paris voit enfin, depuis vingt ans, s'enfanter dans son sein des prodiges toujours renaissants, toujours plus incroyables. Un siècle encore, et cette ville sera, sans contredit, la plus belle de l'univers.

L'étranger qui vient à Paris pour la première fois doit concevoir une idée bien grandiose de cette capitale, soit qu'il arrive par les superbes routes de Fontainebleau, de Vincennes, de Saint-Denis, à la suite desquelles il rencontre sans doute des faubourgs populeux, désagréables, et d'une longueur démesurée ; soit enfin qu'il y pénètre par la magnifique avenue des Champs-Élysées, l'un des points de vue les plus imposants de l'intérieur de Paris, puisque, du pied même de l'arc de l'Étoile, le château des Tuileries se développe en perspective à ses regards, et forme ainsi le fond d'un tableau aussi vaste que ravissant. De ce point, tout ce qui l'entoure éveille sa curiosité, excite son intérêt, provoque une admiration même involontaire.

Considéré sous le rapport des mœurs, Paris échappe plus encore à l'analyse. C'est comme un gouffre immense où viennent s'engloutir pêle-mêle le talent, l'honneur, les richesses, et les réputations ; un foyer perpétuel de vices, de vertus ; de luxe, de misère ; d'activité, de mollesse ; de maux, de plaisirs ; de gloire, d'opprobre ; de science, de frivolité ; de grandeur, de bassesse.

Ici, on lime, on polit, on façonne ; tous les métaux sont tourmentés, et se transforment en objets précieux ; le marteau infatigable, le creuset embrasé, la lime mordante, aplatissent, fondent, déchirent les matières, les combinent, les mêlent.

Là, mille chevaliers d'industrie vont, viennent, s'agitent dans l'ombre en tous sens : les uns mendient, flattent, et rampent ; les autres dupent et volent : fléaux de la société, tous en dévorent la substance.

Plus loin, le professeur habile proclame les principes de la morale ; le naturaliste interroge le minéral informe ; le poëte explique les vers harmonieux de Virgile ; le légiste enseigne l'étude des lois ; l'avocat défend l'innocence opprimée ; l'orateur sacré combat l'impiété.

De ce côté, des monceaux d'or sont étalés de toutes parts... Quels misérables habitent ces affreux repaires!... Leurs yeux convoitent, dévorent le métal perfide qui les éblouit ; l'enfer est dans leur cœur... leurs regards étincellent, la rage les anime. Quels cris... quels accents douloureux!! Fuyons, fuyons... l'opprobre, le désespoir, la mort, les environnent.

Mais quelle soudaine harmonie!... Les théâtres se remplissent... J'entends tour-à-tour applaudir le mâle génie de Corneille, la suave pureté de Racine, le pinceau vigoureux de Molière, la mélodie de Grétry, les sons enchanteurs de Méhul.

Par-tout des tableaux éloquents, de riants contrastes, de merveilleuses productions ; partout du bruit, de la confusion, de l'activité. Les voitures se croisent, les cris se confondent ; des gens affairés courent, se heurtent, se précipitent ; des gens inoccupés s'arrêtent, se retournent, et bâillent.

Tout à-la-fois des cafés, de mauvais lieux ; des milords, des mendiants ; de la boue, de la poussière ; des hôtels, des hôpitaux ; des diamants, des guenilles ; des éclats de rire, des cris d'angoisse ; des bals, des saisies ; des morts, des naissances ; des allées, des venues ; des coups de pied, des coups de chapeau : pour tout dire enfin, quelle ville que ce Paris ! quel chaos ! quelle Babylone ! L'abbé Gagliani a dit : « Paris est le café de l'Europe ; » pourquoi pas des quatre parties du monde ?

Montmartre.

Au nord de Paris, hors la barrière de ce nom, s'élève Montmartre, village de la plus haute antiquité, célèbre tout à-la-fois par ses carrières de plâtre, les monuments fossiles qu'il renferme, les moulins qui le couronnent, et les souvenirs historiques qui s'y rattachent.

L'étymologie du nom de Montmartre a donné lieu à d'étranges controverses parmi les savants. Les uns ont voulu que ce monticule se soit primitivement appelé *Mons Martis*, Mont-de-Mars, et d'autres *Mons Mercurii*, Mont-de-Mercure ; une troisième classe d'historiens s'est efforcée de prouver que le premier nom qu'ait réellement porté ce village fut *Mons Martyrum*, Mont-des-Martyrs, en mémoire du glorieux martyre de saint Denis et de ses compagnons, qui eut en effet lieu le 26 décembre 269, au pied de la montagne. Cette étymologie est la plus vraisemblable : on appelle encore rue et barrière des Martyrs le point de Paris qui avoisine le plus Montmartre; et l'origine de ce dernier nom doit être évidemment la même.

Dès l'an 627, Montmartre était déja couvert de maisons; mais en 886, lors du siège de Paris, il fut presque entièrement détruit par les Normands.

On raconte qu'Othon II, guerroyant contre Hugues Capet, traversa toute la France en 978, et vint camper à Montmartre; il choisit cette position pour accomplir une menace singulière qu'il avait faite au roi de France: il l'avait prévenu que, pour célébrer les victoires qu'il allait remporter contre lui, il ferait chanter si haut un *alleluia*, que jamais il n'en aurait entendu de semblable. Arrivé à Montmartre, Othon rassemble en effet, sur la cime de la montagne, un grand nombre de prêtres et de clercs, et leur ordonne de chanter l'*alleluia* en question de toute la force de leurs poumons. Ceux-ci poussèrent des cris si épouvantables, que Capet et tout Paris en furent effrayés.

Louis-le-Gros et la reine Adélaïde fondèrent, en 1133, à Montmartre, pour cinquante-cinq

religieuses de l'ordre de Saint-Benoît, une abbaye qui ne se rendit bientôt que trop célèbre
par les dérèglements de ses nonnes. En vain
divers évêques de Paris tentèrent de porter la
réforme dans cette maison dégénérée ; on y
mena jusqu'à des religieuses de Fontevrault :
ces nouvelles venues ne tardèrent pas à prendre
exemple sur les anciennes. Les guerres de la
Ligue ne firent qu'accroître encore ces désordres. Henri IV, pour assiéger Paris, avait établi
son quartier-général à Montmartre. Ses capi-
taines firent bientôt la cour à nos religieuses.
Leur abbesse elle-même, dont les charmes
avaient séduit Henri IV, paya ce vert galant
du plus tendre retour : c'était Marie de Beau-
villiers. Toutefois, quelques années après,
l'ordre se rétablit dans l'abbaye ; les bonnes
mœurs y prévalurent ; puis, insensiblement,
le couvent de Montmartre recouvra sa première splendeur. Il fut détruit en 1790. Une
belle maison de campagne s'élève aujourd'hui
sur ses ruines. Une ancienne tour de l'abbaye
sert au télégraphe de la ligne de Calais.

Lors des évènements de 1814 et de 1815, les

hauteurs de Montmartre, fortifiées comme par enchantement, devinrent le théâtre des combats les plus terribles. L'histoire redira qu'en 1814 quatre cents Français y soutinrent seuls, pendant quelques heures, les efforts de vingt mille étrangers.

Le village de Montmartre n'a rien en lui-même de remarquable, non plus que son église, si ce n'est sa situation pittoresque. De la butte Montmartre, on jouit en effet de l'un des plus beaux points de vue qu'il soit possible d'imaginer. Paris, et tous ses environs, s'y déploient sous les yeux. Que si votre regard, fatigué de ce spectacle imposant, s'abaisse jusqu'au pied de la montagne, il y remarquera, dans une vallée profonde, aride, et silencieuse, l'un des quatre cimetières de Paris : l'ancien *Champ du repos*. C'est là que reposent Saint-Lambert et Legouvé, Greuze et Dazincourt.

Montmartre se glorifie d'un établissement philanthropique fondé en 1804 par les soins de monsieur et madame de La Vieuxville. C'est une espèce d'hospice, placé dans une maison grande et belle, où l'on entretient soixante vieillards des deux sexes. Douze de ces places sont gratuites. Les quarante-huit autres sont à pension : le prix en varie de 3 à 600 francs. Cet établissement a pris, depuis 1815, le titre d'*Asile royal de la Providence.*

Vis-à-vis l'ancienne abbaye se trouve une maison dont le puits est profond, dit-on, de cent soixante-un pieds : les seaux qui le desservent sont susceptibles de contenir une moitié de muid ; et, à l'aide d'un mécanisme fort simple, ils se versent d'eux-mêmes dans un réservoir.

On évalue la population de Montmartre à quatorze cents habitants ; les premières maisons de ce village touchent aux barrières de Paris : aussi une foule de petites guinguettes y sont, chaque dimanche, le rendez-vous d'une partie de la classe ouvrière de Paris.

En 1737, des fouilles entreprises à Montmartre firent découvrir plusieurs figures de bronze, des statues d'armes, et les restes d'un édifice romain.

Saint-Denis.

—

Avant l'entrée des Francs dans les Gaules, Saint-Denis n'était qu'un petit village nommé *Catalacum ;* et son abbaye, depuis si célèbre, fut construite sur un champ modeste appartenant à une dame gauloise ou romaine, du nom de Catulla. Voici ce qu'on raconte à ce sujet : Vers l'an 240, saint Denis se rendit de Rome dans les Gaules, pour y prêcher la doctrine de Jésus-Christ ; il fit de nombreux prosélytes, mérita le surnom *d'apôtre des Gaules.* Mais bientôt une persécution violente s'élève contre lui... Il est saisi, condamné à mort avec ses compagnons saint Rustique et saint Éleuthère. Catulla, témoin du supplice de saint Denis et des siens, a juré de rendre à leurs cadavres mutilés les honneurs de la sépulture. Elle invite à un repas les gardiens de ce précieux dépôt, les enivre, fait, sur ces entrefaites, enlever par ses domestiques et porter dans son

champ les trois corps, qui furent ainsi sous-
traits aux insultes des idolâtres. Cependant la
persécution allumée contre les chrétiens cessa,
vers l'an 313 : alors Catulla fit ériger un tombeau sur la sépulture des trois martyrs ; à leur
tour les Gaulois, convertis, bâtirent une chapelle pour renfermer ce tombeau modeste ; plus
tard cette chapelle se convertit en église, et
insensiblement, autour de cette église, on vit
s'élever des maisons qui formèrent depuis la
ville de Saint-Denis.

Dagobert Ier passe à tort pour le fondateur
des église et abbaye de Saint-Denis ; elles existaient déja de son temps : il est vrai qu'il res-
taura l'une, et se montra le bienfaiteur de l'autre
en la dotant richement ; qu'il fit fabriquer un
grand nombre d'ornements en or, en argent,
en pierreries, dont il décora le tombeau des
saints martyrs ; et que, pour prouver enfin
combien lui était cher le lieu qui renfermait
les reliques de saint Denis, il exprima dans son
testament la volonté d'être enterré dans l'église.
Ce fut, en effet, le premier roi qui reçut la sépulture à Saint-Denis.

Il est peu d'édifices en France qui aient éprouvé toutes les vicissitudes de l'église de Saint-Denis, et qui puissent se glorifier en même temps d'une antiquité aussi reculée. Sa construction seule se rattache à cinq époques différentes : la première, en 775, à Charlemagne ; la deuxième, en 1140, à Suger ; la troisième, en 1231, à Eudes Clément ; la quatrième, en 1281, à Matthieu de Vendôme ; et la cinquième enfin, en 1373, à Charles V, qui tour-à-tour y firent des changements, ou la réédifièrent. C'est à ces reconstructions trop souvent recommencées qu'on attribue l'irrégularité remarquée dans les plans extérieurs de l'édifice. A l'époque de la Révolution, on proposa de détruire de fond en comble ce superbe monument, et peu s'en fallut que cette proposition insensée ne fût adoptée. Privée de ses vitraux magnifiques, exposée aux intempéries des saisons, cette église demeura jusqu'en 1804 dans un abandon absolu. Sa restauration, commencée sous Napoléon, par les soins de MM. Legrand et Célérier, a depuis été poursuivie sous les Bourbons, par M. Debret. Grace au talent de ces trois architectes, ce monument se trouve aujourd'hui dans un état de splendeur qui fait oublier les désastres de 1793. A l'exception des murs principaux, tout y a été changé, embelli. Depuis ses caveaux funéraires, si horriblement profanés, jusqu'à la couverture de l'édifice, par-tout la main habile de ces trois artistes a multiplié les ornements et les chefs-d'œuvre.

Aucune église de France ne possédait un trésor aussi riche que celui de Saint-Denis : c'était un objet d'admiration pour ceux qui le venaient visiter ; il fut outrageusement dilapidé, dispersé, au même temps où les cendres des héros qui fesaient l'honneur de la France, des monarques qui l'avaient gouvernée pendant douze siècles, étaient exhumées, violées elles-mêmes, et rejetées pêle-mêle en une fosse obscure qui les devait à jamais anéantir. Mais tous ces ossements, qui, des anciens tombeaux, avaient été portés au cimetière de Valois, ont été précieusement recueillis : deux tombes les recèlent ; elles occupent un des caveaux de Saint-Denis. Le caveau du centre, destiné à la famille des Bourbons, contient les restes de

Louis XVI et de Marie-Antoinette, exhumés au cimetière de la Madeleine : le dernier prince de Condé, le duc de Berry, Louis XVIII, ont aussi leurs sépultures à Saint-Denis.

Saint-Denis, tout important qu'il soit de nos jours, est loin de ressembler à ce qu'il était jadis : cette ville, qui soutint plusieurs sièges, possédait des remparts, des fortifications, et indépendamment de sa célèbre basilique, plusieurs églises, paroisses, chapelles, et communautés, toutes fondées à des époques différentes. Dans les bâtiments de l'ancienne abbaye, remarquables par leur étendue et leur belle construction, on a fondé, le 29 mars 1809, une maison royale où les filles des membres de la Légion-d'Honneur, et des militaires tués sur le champ de bataille, reçoivent, aux frais de la nation, une éducation à laquelle la médiocrité de leur fortune ne leur permettrait pas d'atteindre. Le nombre de ces élèves est de cinq cents ; quatre cents d'entre elles sont admises gratuitement, et cent autres, à titre de pensionnaires de l'un ou de l'autre des ordres royaux. La surintendante de cette maison est madame de Bourgouing.

Les édifices dignes d'attirer à Saint-Denis l'attention des curieux sont, l'ancien couvent des Carmélites, où se retira Louise de France, fille de Louis XV; l'église, rebâtie en 1786, pour son péristyle d'une heureuse proportion et d'un bel effet; la caserne d'infanterie, précédée de belles plantations, qui se déploie sur la gauche aux regards, lorsqu'on sort de la ville. La maison de détention, l'hôpital militaire, sont encore des établissements publics remarquables.

Saint-Denis est situé à deux lieues de Paris, sur les petites rivières de Crou et du Rouillon, qui font tourner un grand nombre de moulins à farine que leur proximité de la capitale entretient dans un état d'activité continuelle. Cette ville est commerçante et manufacturière; on y compte quatre mille six cents habitants. Parmi les foires qui s'y tiennent, on ne saurait oublier la fameuse foire du *Landit*, qui commence le 11 juin, et dure quinze jours. L'origine de cette foire remonte à l'an 1109 ; on la doit à Charles-le-Chauve.

Les communications entre Saint-Denis et Paris sont aussi fréquentes que commodes. Sans parler de ces éternels coucous qui stationnent, du matin au soir, près de la porte Saint-Denis, il s'est établi depuis quelques années des voitures élégantes qui font ce trajet en peu de temps et à un prix très modéré. Il est curieux de voir, le dimanche, dans la belle saison, le nombre prodigieux de Parisiens qui vont chercher le plaisir dans les alentours de cette petite ville, comme dans l'île qui l'avoisine. De jolies maisons, des points de vue charmants, et les excellentes matelottes qu'on y prépare, ont fait de l'île Saint-Denis le rendez-vous de ceux qui aiment et la bonne chère et les plaisirs champêtres.

Épinay.

Plusieurs bourgs des environs de Paris portent ce nom. L'un, *Épinay-sous-Senart*, à cinq lieues de la capitale, est situé dans un vallon, sur la rive gauche de la rivière d'Hyères ; l'autre, *Épinay-sur-Orges*, est entouré de jolies vallées qu'arrosent l'Orges et l'Yvette ; mais l'*Épinay* qu'on trouve en sortant de Saint-Denis, sur la grande route de Paris à Rouen, prend indifféremment les noms d'*Épinay-lès-Saint-Denis* ou d'*Épinay-sur-Seine*. Il doit la première appellation à sa proximité de cette ville, dont il dépend ; et la seconde, à sa situation sur la rive droite de la Seine.

Les étymologistes attribuent le nom que porte ce village à la grande quantité de buissons d'épines dont son territoire était primitivement infesté. On fait remonter la fondation d'Épinay au septième siècle. Nos rois de la première race y avaient une maison de plaisance. Dagobert, vainqueur de ses ennemis, se rendit, dit-on, en grande pompe au château d'Épinay, accompagné de ses deux fils Sigisbert et Clovis. Là, entouré de sa cour, assis sur un trône d'or, la couronne en tête, il harangua l'assemblée, et finit par faire son testament, conjurant ses enfants de l'approuver et enjoignant aux évéques de prier Dieu pour lui. C'est à Épinay que ce prince cruel fut attaqué de la maladie dont il mourut quelque temps après à Saint-Denis.

Le village d'Épinay, situé à trois lieues nord-ouest de Paris, dans une position des plus avantageuses, comprend une partie des hameaux de *La Briche* et d'*Ormesson*. Sa population est de sept à huit cents ames. On y voit un grand nombre de maisons de campagne ; les deux plus remarquables sont d'abord celle de M. Perrin jeune, qui se trouve sur le point le plus élevé. Sa situation pittoresque et la distribution de ses jardins, supérieurement dessinés, la font particulièrement distinguer. L'autre est l'ancien château, habité par Gabrielle d'Estrées ; son parc renferme une chapelle qu'avait fait construire cette femme célèbre. Ce domaine appartenait, ainsi que le château d'Ormesson, à feu M. de Sommariva, homme aussi riche, aussi bienfaisant qu'ami des arts, dont la mémoire sera long-temps chère aux habitants de ce riant canton.

Sannois.

A quatre lieues nord-ouest de Paris, sur la route de Pontoise, s'élève le village de Sannois, dominé lui-même par des moulins qui n'ont pas moins de cinq cent soixante-douze pieds d'élévation au-dessus de la Seine. L'origine de Sannois et de son nom est inconnue. Dix-sept cents habitants, la plupart jardiniers, vignerons, ou carriers, composent sa population. Son territoire est en effet couvert de vignes et de vergers ; il offre, en même temps, bon nombre de carrières à plâtre.

Une grande rue garnie des deux côtés de cabarets et d'hôtelleries, voilà Sannois pour qui ne fait que traverser ce village : cependant, placé à mi-côte d'une montagne qui domine la vallée de Montmorency, Sannois dut être recherché par les amateurs de la campagne ; on y dut construire plus d'une habitation champêtre. L'une des plus agréables à citer est l'*E*-

mitage. Construite en 1720 par M. de Blainvilliers, elle a remplacé certain couvent où se retiraient jadis des solitaires. Des jardins, comme des appartements de cette maison, la vue plane sur toute l'étendue de la vallée de Montmorency, et se repose ainsi sur l'un des plus beaux sites qu'il soit possible de rencontrer. Il ne reste plus d'autres vestiges de l'ancien couvent que la fontaine, dite de *Saint-Flaive*, qui jaillit de dessous une voûte dans le jardin de la maison; on y voit encore représentée l'image de saint Flaive en moine. Cette source, à laquelle on attribue quelques propriétés purgatives, était jadis en si grande réputation, qu'elle attirait, tous les ans, un grand nombre de pèlerins qui venaient demander au saint la guérison de leurs maux.

Sannois fut un des premiers villages qui admirent, en 1626, l'établissement des Sœurs de la Charité, instituées par les soins de saint Vincent de Paule.

Le château de Sannois, ancienne propriété de M. Locré, est uniquement remarquable par sa situation, son parc, et ses jardins... Mais, s'ils peuvent passer avec indifférence devant ce château, les amis des lettres doivent s'arrêter toujours avec un nouvel intérêt devant une petite maison qui appartenait à madame d'Houdetot, dans laquelle se réunissaient Jean-Jacques et Saint-Lambert. Tout ce qui rappelle le philosophe de Genève, même ses faiblesses, a je ne sais quel charme, dont il est impossible de se défendre.

Franconville.

Ce bourg est situé sur le penchant d'une colline à quatre lieues et demie nord-ouest de Paris, dans la partie la plus riante de la vallée de Montmorency, non loin d'une montagne plus élevée qui le domine. Son nom de *Francorum Villa* lui vient de ce que c'est l'un des premiers endroits qu'aient habités les Francs.

Traversé, comme Sannois, par la grande route de Paris à Rouen, Franconville n'offre guère aussi, comme lui, qu'une seule rue rem-

plie d'auberges ou d'hôtelleries. Mais cette rue,
peut-être insignifiante pour le voyageur qui
passe, recèle, pour le curieux qui s'arrête, des
sources de jouissances infinies. Elle est envi-
ronnée d'habitations toutes remarquables par
leur élégante construction, leur situation pittoresque, la belle distribution des jardins qui
les accompagnent. Parmi ces jolies maisons de
plaisance, on distingue celle de M. de La Cros-
nière, dont les jardins furent plantés par Le
Nostre ; celle qu'habita long-temps le comte de
Tressan ; enfin le beau château, de nos jours
appelé *la Maison-Rouge*, et ses jardins délicieux,
qui ne sauraient être comparés qu'aux charmants paysages d'Ermenonville, et sont ornés
d'une foule de monuments consacrés aux vertus, aux arts, comme à la mémoire d'hommes
illustres. Ce château et ses dépendances dominent le plus vaste horizon. Il a tour-à-tour
été la résidence des Cassini, de Casanova, du
comte d'Albon. Son dernier propriétaire est
M. Le Comte.

Franconville était connu dès le huitième
siècle. On trouve la preuve de ce fait dans une

charte de l'abbaye de Saint-Denis ; on y voit que le revenu de cette paroisse (qui lui appartenait) était destiné à procurer des vêtements et des souliers aux moines. L'abbé Suger avait une prédilection marquée pour sa seigneurie de Franconville, et s'y rendait souvent ; il se vante même, dans ses ouvrages, d'en avoir augmenté le revenu de *quarante sous* de rente ; et, dans son testament, il recommande de prendre *vingt sous* sur les revenus de cette seigneurie, pour subvenir aux frais de ses funérailles. Après les moines de Saint-Denis, les Montmorency furent à leur tour seigneurs de Franconville. Cet endroit était alors, comme aujourd'hui, un passage très fréquenté ; ils avaient donc établi, dans leur terre, un droit de péage qui leur rapportait beaucoup. Leur château existe encore ; mais, éclipsé par les maisons de plaisance qui l'entourent, il n'a plus rien de remarquable que son antiquité. L'église de Franconville est mal bâtie : en revanche, elle renferme le tombeau du célèbre Court de Gebelin.

Saint-Gratien.

Ce village, qui n'a d'intéressant que les souvenirs brillants qui s'y rattachent, est situé sur la route de Saint-Denis à Pontoise, à trois lieues et demie de Paris ; il appartient au canton de Montmorency. Sa population est de quatre cent cinquante habitants environ. Il se nommait, dit-on, primitivement Gailleville ; plus tard on l'appela Saint-Gratien, en mémoire d'un saint de ce nom, martyr au cinquième siècle, qui depuis a toujours été le patron de son église.

Au milieu de la vallée, au bord de l'étang de Montmorency, s'élève le joli château de Saint-Gratien, si célèbre par le séjour qu'y fit l'illustre Catinat. Ce château se distingue par son architecture et la beauté de sa situation. Le parc, au milieu duquel il est placé, n'a guère moins de cinq cents arpents. L'étang de Saint-Gratien ou de Montmorency en dépend. Les plantations et les promenades qui bordent cette immense pièce d'eau, et qui se joignent au reste du parc, font, de cette habitation, l'un des plus beaux séjours des environs de Paris.

C'est dans cette délicieuse retraite que l'un des plus grands hommes du siècle de Louis XIV vint, couvert de lauriers et de gloire, passer en paix les dernières années de sa vie. Combien il préférait sa modeste solitude de Saint-Gratien à toutes les pompes de la cour, à tous les prestiges bruyants de la capitale ! Ce guerrier philosophe, partageant tout son temps entre la culture des sciences et des arts qu'il aimait, celle des plantes et des fleurs qui charmait ses loisirs, prenait plaisir à cultiver de ses mains victorieuses le parterre qu'il avait planté. C'est ainsi qu'on montra long-temps avec une sorte de respect religieux, dans les jardins du château, un espalier qu'il avait planté lui-même, et qu'il cultivait avec un soin tout particulier.

Catinat mourut à Saint-Gratien le 25 février 1712, à l'âge de soixante-quatorze ans ; il fut inhumé dans une petite chapelle placée à gauche du chœur de l'église paroissiale du village. Le monument sans faste qu'érigea sa famille sera toujours l'objet de la vénération profonde de quiconque chérit et la gloire et la patrie.

La propriété du château de Saint-Gratien passa des mains du maréchal en celles de son neveu Pierre de Catinat, conseiller au parlement. De nos jours, ce domaine appartient à M. le comte de Luçay.

Le territoire de Saint-Gratien est singulièrement varié : bois, prés, vignes, terres labourables, tout s'y trouve, tout y est cultivé; mais l'abondance des arbres fruitiers qui le couvrent, notamment les cerisiers, lui donnent sur-tout un aspect enchanteur.

Eaubonne.

Au-dessus de Saint-Gratien, au pied du coteau même que couvre la forêt de Montmorency, on trouve Soissy, petit village où le maréchal Kellermann passa les dernières années de sa vie. L'ancien château du duc de Valmy, propriété actuelle de M. Fremont, est, ainsi que la maison de plaisance de M. Javon, tout ce qui recommande ce petit endroit à l'attention des curieux. Mais, en suivant une avenue charmante bordée de beaux cerisiers, vous descendez, par une pente extrêmement douce, dans un joli vallon, au fond duquel est Eaubonne, si célèbre par les souvenirs qu'y ont laissés tour-à-tour Saint-Lambert, madame d'Houdetot, et Franklin.

C'est sous les bosquets enchanteurs d'Eaubonne que Saint-Lambert écrivait son poëme *des Saisons*; c'est dans une maison que possédait madame d'Houdetot à Eaubonne, que Jean-Jacques, amoureux timide, venait, de son *Ermitage*, visiter la dame de ses pensées; c'est du séjour paisible d'Eaubonne que l'ame généreuse de Franklin méditait et préparait en silence l'œuvre de l'indépendance de sa patrie: le chêne qu'alors il planta en honneur de cet événement mémorable, s'y voit encore.

Les noms de Gohier, Goupy, Desclozeaux, Lachabeaussière, ont trop souvent aussi retenti dans le vallon d'Eaubonne, pour les passer sous silence. C'est à leurs jolies habitations que ce village a dû son plus doux charme ; car il n'est, pour ainsi dire, composé que de maisons de campagne.

L'étymologie du nom d'*Eaubonne*, bien facile à expliquer sans doute, a singulièrement tourmenté les Saumaises du temps passé. Ils ont prétendu qu'*Aqua bona* n'était pas le vrai nom de ce village ; ils se sont fondés sur ce qu'il n'avait point d'eau, sinon qu'en médiocre quantité ; et qu'enfin le peu qu'il en avait n'était pas bonne. Cependant un ruisseau, même abondant, coule dans Eaubonne ; ce ruisseau répand la fraîcheur dans tous les parcs ou jardins qu'il parcourt, pour aller se perdre ensuite dans l'étang de Saint-Gratien.

Les ducs de Montmorency ont long-temps été seigneurs d'Eaubonne ; ils y possédaient un château que la hache révolutionnaire a détruit.

Montmorency.

Un seigneur du nom de *Morenciacus*, Morenci, possédait, dit-on, un domaine dans les environs de Chambly. S'étant depuis rendu propriétaire d'une autre terre sur la montagne qui domine la vallée d'Enghien, il l'appela *Mons Morenciaci*, à raison de sa situation, et plus tard enfin *Mont-Morency*. Mais tout cela n'est qu'une supposition pure et simple; il n'est vraiment question de Montmorency qu'au dixième siècle.

Il se trouvait, non loin de l'abbaye de Saint-Denis, dans l'île formée par la Seine, un seigneur puissant nommé Burchard-le-Barbu, lequel habitait un château flanqué de tours, et protégé par des fossés profonds. Ce seigneur à longue barbe, persuadé que la raison du plus fort est toujours la meilleure, sortait de temps à autre de son château, à la tête de quelques braves gens comme lui, pour aller faire sur les terres de l'abbaye certaines expéditions, après lesquelles il rentrait toujours chargé d'un riche butin. Le roi Robert, instruit de ces déprédations, ordonne à Burchard d'y mettre fin... Celui-ci les continue comme par le passé. Alors le roi fait abattre le château de ce sujet rebelle; mais Burchard n'en devient que plus acharné contre les moines de Saint-Denis. Bref il fallut entrer en négociation. Par un accord signé en l'an 1008, il fut convenu que Burchard serait autorisé à construire un autre château dans un endroit appelé Montmorency, près de la fontaine Saint-Valéry.

C'est depuis cette époque que les Burchards furent connus sous le nom de Montmorency. Leur terre, érigée en duché-pairie en 1551, demeura en leur possession jusqu'au dix-septième siècle; mais Henri, dernier duc de Montmorency, ayant eu la tête tranchée à Toulouse le 30 octobre 1632, cette terre, confisquée par Louis XIII, fut donnée par lui au prince de Condé. Louis XIV confirma cette donation par lettres-patentes de septembre 1689; en même temps il changea le nom de Montmorency en celui d'Enghien, qui fit à son tour, pendant la Révolution, place à celui d'Émile. Louis XVIII confirma, le 24 janvier 1815, les lettres-patentes de Louis XIV, et ce titre d'Enghien donné par elles à l'antique résidence des Burchards. Mais, malgré toutes ces vicissitudes, le nom de Montmorency, qui rappelle de si glorieux souvenirs, a constamment prévalu ; et il est probable qu'il restera toujours *Montmorency* pour les gens du monde, et *Mémorency* pour les marchands de cerises.

N'est-ce point en effet à la Maison des Montmorency que cette petite ville doit toute sa célébrité ? Ces seigneurs n'y ont-ils pas attiré des habitants par leurs bienfaits ? ne l'ont-ils pas embellie de monuments ? Aussi, quoiqu'il soit aujourd'hui bien déchu de son ancienne splendeur, Montmorency n'en est pas moins encore l'un des lieux les plus renommés des environs de Paris. Situé à quatre lieues et demie de la capitale, à l'extrémité de cette plaine délicieuse qui porte son nom, il est assis sur le sommet d'une colline, d'où la vue s'étend sur toute la vallée, comme sur le bouquet de vil-

4

lages qu'elle renferme. La forêt de Montmorency, qui se déploie sur le plateau dans une
étendue de cinq mille arpents, offre d'ailleurs
tout à-la-fois une promenade charmante aux
habitants de l'endroit, et un lieu de rendez-vous
obligé pour les Parisiens. Dès que le printemps
est revenu, que la vallée, le lac d'Enghien, la
forêt, ont repris leur aspect enchanteur, poussés par le besoin de respirer un air pur et
libre, de contempler des lieux si riches en souvenirs, des milliers de citadins volent à Montmorency... Tout Paris est là... C'est, chaque dimanche d'été, sur la place du Marché, une
confusion de célérifères, de landaus, de coucous, de tilburys, de fiacres, de chevaux jeunes
et vieux, d'ânes enfin montés par une foule de
jolies femmes... Ces quadrupèdes intéressants
figurent avec distinction au milieu des calèches
d'emprunt, des chevaux de louage, des demi-
fortunes rajeunies, des cavalcades poussives
qui se pressent, se heurtent, se confondent
devant l'hôtel du *Cheval blanc*, dont l'enseigne
brille des couleurs du pinceau des Gérard et
des Vernet : c'est chez Leduc en effet que des-

cendent tous les pèlerins et pèlerines qui viennent visiter l'*Ermitage*. L'autre côté de la place est communément rempli d'ânes et de paysans, de valets de toutes couleurs, de chevaux de selle tout bridés : ces derniers hennissent, les ânes braient, les femmes rient aux éclats, les villageoises chantent, les paysans crient ; chacun parle, personne ne s'entend.

Tous les sites de Montmorency sont remplis des souvenirs de l'auteur d'Émile. Jean-Jacques habita cinq ans le petit *Mont-Louis*, maison modeste, bâtie sur un site très pittoresque. L'Ermitage, que madame d'Épinay avait fait construire pour celui qu'elle appelait *son ours*, se trouve à l'entrée de la forêt, non loin d'une salle d'antiques châtaigniers, où se tient, chaque dimanche, un bal qui ne le cède à ceux du Ranelagh et de Sceaux, ni pour les toilettes recherchées, ni pour les prétentions ridicules, ni pour la force des ménétriers. L'Ermitage, habité successivement par Rousseau, M. Chérin, et Grétry, qui mourut là le 24 septembre 1813, est une petite maison bourgeoise très jolie, entre cour et jardin, placée à mi-côte et isolée de toute habitation. Dans le jardin de l'Ermitage, vous voyez une petite pièce d'eau qu'alimente une source prenant naissance sous une belle terrasse plantée de tilleuls. Après avoir disparu un moment, cette source renaît au cœur d'un rocher artificiel, serpente dans le jardin, forme un petit bassin à jet d'eau, et de là se rend enfin dans la pièce d'eau, sur les bords de laquelle les neveux et nièces de Grétry ont, à l'ombre d'un massif d'acacias, élevé un monument en marbre blanc à la mémoire de ce célèbre compositeur. Le buste de Jean-Jacques est placé au bas de la terrasse.

Non seulement il ne reste plus aucune trace de l'ancien château des seigneurs de Montmorency, mais celui dit de *Luxembourg*, bâti par Cartaud, sous le règne de Louis XIV, si remarquable par la richesse de ses appartements, par ses points de vue magnifiques, l'abondance de ses eaux, ses plantations élégantes, a partagé le sort de tant d'autres monuments historiques. Des spéculateurs avides l'ont récemment démoli pour en vendre les matériaux. En revanche, l'église de Montmorency, morceau d'architecture fort curieux par son étendue et son style, subsiste encore ; et les amis des arts regardent le corps presque gothique de cette espèce de cathédrale, comme l'un des plus beaux ouvrages de la fin du quinzième siècle. On y voyait autrefois plusieurs tombeaux, notamment celui du fameux Anne de Montmorency, qu'on a depuis transporté au musée des Petits-Augustins.

Deuil.

A une demi-lieue de Montmorency s'élève un gros village fort de mille à onze cents habitants : deux hameaux en dépendent, ceux de *La Barre* et d'*Ormesson* ; ce village est Deuil. C'est sur son territoire, près de l'étang de Montmorency, que jaillit la source d'eau sulfureuse, connue sous le nom d'*eau d'Enghien*.

Cette source, qui sort d'entre les pièces de bois du pilotis de l'étang, et qu'à raison de son odeur désagréable on appelle le *ruisseau puant*,

4.

est, dit-on, la plus efficace de toutes celles qui avoisinent Paris. Placée dans un pays délicieux, au milieu de la riante vallée de Montmorency, elle offre aux malades, aux convalescents, tout ce qui peut hâter le retour à la santé. Des constructions élégantes, ingénieusement distribuées, reçoivent les buveurs d'eau qui veulent rester près de la source et passer la belle saison à la campagne; des voitures douces et commodes amènent chaque jour, à la bienfaisante fontaine, ceux que leurs affaires retiennent à la ville. Des restaurateurs habiles, des cafés brillants, des bals délicieux, des concerts charmants, des promenades dans des barques légères, tout enfin contribue à faire de ce lieu un nouveau temple d'Épidaure, où les malades retrouvent la santé, où les gens bien portants vont chercher le plaisir.

Deuil, qui doit, de nos jours, aux merveilles opérées par les *eaux d'Enghien*, la réputation méritée dont il jouit parmi les gens du monde, avait, dans l'origine de son existence, une autre espèce de célébrité peut-être aussi justement acquise.

Saint Eugène, compagnon de saint Denis, ayant été martyrisé à Deuil, *Dyoilum*, dont l'existence remonte par conséquent bien au-delà du cinquième siècle, cette circonstance fit choisir ce martyr pour patron de l'église du lieu. Ses reliques, qu'on y conservait, opéraient de si grands miracles, que la réputation du saint devint prodigieuse ; on venait en pèlerinage à sa châsse, de plus de trente lieues à la ronde. Saint Eugène était sur-tout célèbre pour la protection qu'il accordait spécialement aux petits enfants.

La seigneurie de Deuil appartenait autrefois à l'abbaye de Saint-Denis : au nombre des plus jolies maisons de campagne de cette commune, on a toujours cité celle de M. Minel, pour ses vastes jardins, l'étendue de ses points de vue ; et celle de La Barre, connue sous le nom du *Château*, pour ses belles eaux et son parc de trente arpents.

Saint-Leu-Taverny.

Une route, plantée de pommiers et de cerisiers, conduit d'Eaubonne à Saint-Leu-Taverny, deux grands villages contigus qu'on a depuis réunis en une seule commune. Saint-Leu-Taverny est situé à une lieue et demie de Montmorency, et cinq et demie de Paris, le long des riches coteaux d'Andilly ; sa population est d'environ deux mille six cents habitants. Sur certains points de la route on domine tour-à-tour Moulignon, Soissy, Eaubonne, Margency, remarquable par son château, et le riche village d'Ermont, connu par sa belle fontaine et ses tombeaux qui remontent du treizième au quatorzième siècle ; presque tout Ermont est bâti sur ces tombeaux.

En entrant à Saint-Leu, vous remarquez, à droite, un château d'une décoration élégante, d'une distribution commode : c'est le château de Saint-Leu ; il fesait jadis partie des domaines du duc d'Orléans ; plus récemment, le frère de Napoléon y fit sa résidence : d'où ce titre de *comte de Saint-Leu* qu'il a conservé depuis. Ce château appartient aujourd'hui, aussi bien que Boissy, à M. le duc de Bourbon. Ses jardins et son parc ne sont pas fort étendus ; mais on a tiré un excellent parti de l'heureuse disposition du terrain : on y jouit des plus magnifiques points de vue de la vallée, qui se développe là sur un plan plus vaste que par-tout ailleurs. Ce parc est traversé en outre, en tous sens, par de superbes allées, des sentiers couverts, des eaux sinueuses dont les bords sont parés d'arbres en fleurs.

Les maisons de campagne, en petit nombre, que renferme Saint-Leu-Taverny, n'ont rien de remarquable : on en distingue cependant trois dans ses alentours ; ce sont *Chaumette*, *Beauchamp*, et le *Haut-Tertre*. Cette dernière appartient à M. Dubaret : on voit, dans son parc, un ancien camp de César.

L'église de Saint-Leu, sous l'invocation de saint Loup, compte plus de six siècles d'existence.

Groslay.

A trois lieues et demie de Paris, sur la pente orientale de la montagne de Montmorency, s'élève Groslay, village recommandable par sa riante exposition et ses jolies maisons de campagne. Il possédait autrefois un château qui n'existe plus. Un des riches propriétaires du lieu vient d'instituer une double école d'enseignement mutuel pour les garçons et les filles : un si beau trait de philanthropie n'est pas le seul qui se rattache au nom de Groslay ; on rapporte qu'en 1174 une dame de ce village, Richilde de Groslay, fonda, pour chaque samedi, pendant l'hiver, une distribution de pain aux pauvres.

Groslay, dont la population est supposée de mille habitants, dépend du canton de Montmorency ; il en est distant d'une demi-lieue seulement. Sa fabrique de dentelles a long-temps joui de quelque renommée ; mais cette petite célébrité diminue de jour en jour.

L'Ile-Adam.

En suivant une chaussée qui prend naissance à la route de Boulogne-sur-Mer, on arrive à l'Ile-Adam, bourg situé à une lieue un quart lde Beaumont, trois lieues de Pontoise, et sept lieues et demie de Paris. Ce bourg comprend deux hameaux, ceux de *Nogent* et de *Stors* ; sa population est évaluée à treize cents habitants.

La situation de l'Ile-Adam sur la rive gauche de l'Oise est des plus pittoresques. Dans une île que forme cette rivière, on remarquait naguère un château superbe, l'un des domaines du feu prince de Conti ; une belle orangerie ajoutait encore aux charmes de cette résidence. Grace à d'avides spéculateurs, il ne reste plus aujourd'hui qu'un pénible souvenir de ce château ; ses bâtiments ont été démolis, son orangerie vendue.

La forêt de l'Ile-Adam, d'une certaine étendue, offre aux curieux une jolie promenade solitaire. La maison de campagne, dite de *Cassan*, tient à cette forêt ; dans l'un de ses jardins on remarque un pavillon chinois où l'eau tombe, en cascades, avec une extrême rapidité.

Le hameau de Stors, situé sur la pente d'une colline au bord de l'Oise, possède un château plus remarquable par sa position éminemment romantique, que par son architecture. Son parc et ses jardins sont remplis d'un nombre infini de plantes exotiques, aussi rares que précieuses.

Beaumont-sur-Oise.

Cette petite ville doit ses nom et surnom à sa riante situation sur une des côtes qui bordent la riche vallée de l'Oise.

Voici l'intéressant petit conte que font les chroniques sur Beaumont. Vers le milieu du treizième siècle, alors qu'un saint enthousiasme conduisait Louis IX et la plupart de ses barons en Afrique, un sir Remy, comte de Beaumont, préférant le repos du castel, s'amusait, à la tête de quelques bandits dévoués, à lever des impôts énormes sur les malheureux que leurs affaires forçaient à séjourner sur ses domaines. Parmi les vassaux qui avaient le plus à souffrir des vexations de sir Remy, était un Juif nommé Isaac Balcar. Ce vieillard était venu, par hasard, s'établir dans le comté de Beaumont. Non seulement il avait su, comme tous les enfants de Moïse, amasser force richesses ; mais il possédait une fille aussi jolie, aussi pure qu'une vierge du Seigneur, et il la chérissait encore plus que ses trésors. Sir Remy, épris des charmes de Rachel, a juré d'en faire sa maîtresse. Un beau jour donc, Isaac et Rachel sont chargés de chaînes et jetés dans un des cachots où ce félon seigneur entassait ses victimes. En vain les trésors du vieux Juif se trouvaient soigneusement enfouis dans sa chétive cabane ; habile à piller, Remy les découvre, s'en empare. Il y avait huit jours à peine qu'Isaac et

Rachel avaient été traînés au château, que déja le comte de Beaumont avait cessé d'exister. Son corps fut descendu sans pompe dans le caveau des sépultures, et son trépas imprévu fut regardé comme un bienfait du ciel. Qui avait frappé de mort sir Remy? on l'ignore : mais on vit, ce jour-là, une petite barque, long-temps attachée aux murs du château, descendre l'Oise; elle portait un vieillard, et quelques personnes crurent reconnaître en lui le Juif Isaac. Mais sa fille... on ne la vit plus reparaître, on ne sut quel avait été son destin; seulement, chaque nuit, on apercevait sur les créneaux une ombre blanche, armée d'un glaive de feu. Cette apparition répandit long-temps la terreur dans le voisinage, et le château resta désert. Depuis, l'ombre a cessé de se montrer aussi souvent; mais, fidèle à d'anciens souvenirs, elle vient tous les ans, dans la nuit du 16 avril, planer sur la vieille tour, seul reste de l'ancien château des comtes de Beaumont. Cette ruine a porté, pendant plusieurs siècles, le nom de *Tour de la Juive*.

Une route large et commode traverse, de

nos jours, le sol qu'occupait jadis le château. Sa destruction, qu'on attribue aux Anglais, rappelle la guerre la plus sanglante dont fassent mention nos annales. D'un côté, les démêlés de Robert d'Artois avec la comtesse de Bourgogne ; de l'autre, les prétentions du comte de Beaumont, condamnées par Philippe-le-Bel, ont fait jouer à Beaumont un rôle assez brillant dans l'histoire.

La ville, construite sur le penchant d'un coteau qui domine de quatre-vingts pieds au moins la vallée où serpente l'Oise, a l'avantage encore d'être située à l'extrémité d'une vaste plaine où se trouve la forêt de Carenelle. Sa population est d'environ deux mille habitants ; elle est distante d'une lieue et demie de l'Ile-Adam.

Beaumont possédait autrefois un grand nombre de communautés religieuses ; son Hôtel-Dieu, fondé depuis très long-temps, subsiste seul aujourd'hui ; on y reçoit les malades, même des communes environnantes ; les sœurs y tiennent gratuitement une école de jeunes filles.

L'église de Beaumont est grande, bien conservée, d'un style d'architecture gothique, mais élégant et simple. Le pont, sur lequel passe la route de Beauvais, est tout en pierre. Sur la place du Marché on remarque une fontaine fort ancienne, qui fournit en abondance une eau saine et limpide. Les quartiers bas de Beaumont sont peuplés presque exclusivement de gens qui se livrent à la pêche et à la navigation.

Saint-Brice.

Sur la grande route de Paris à Beauvais, à trois lieues trois quarts de Paris, une petite lieue d'Écouen, et sur le bord de la riante vallée de Montmorency, se trouve un village élégant, bien bâti, embelli par un grand nombre de maisons de campagne : c'est Saint-Brice.

Ce lieu fesait autrefois partie du duché de Montmorency ; il passa, avec cet immense domaine, à la Maison de Condé, lorsque le cardinal Richelieu eut fait périr Montmorency sur l'échafaud. Le château, d'une architecture noble et simple, est fort bien distribué ; les dépendances en sont agréables : il appartient au maréchal Macdonald.

L'église de Saint-Brice est beaucoup trop petite, mais propre et bien entretenue ; la construction en est moderne : les quatre piliers qui supportent le clocher, et que l'on voit à droite en entrant, ont seuls des ornements gothiques ; ils paraissent, ainsi que la tour, appartenir au quinzième siècle.

Saint-Brice a la réputation d'être, de tous les environs de Paris, le lieu où l'on jouit de la meilleure santé, où l'on compte le plus d'octogénaires : l'air y est en effet très pur. Ce village, qui comptait, il y a seulement un siècle, trois cents habitants, en renferme plus de huit cents aujourd'hui.

Sarcelles.

Ce grand village, qui traverse la route de Paris à Amiens, est situé dans un vallon. Plusieurs maisons de plaisance l'embellissent. Deux d'entre elles méritent une distinction particulière : l'une, connue sous le nom de *Giraudon*, appartenait au comte d'Otts ; l'autre servait de résidence au célèbre Volney. Toutes deux sont remarquables tant par leur site pittoresque que par la distribution de leurs jardins et de leurs eaux. On y voit de superbes plantations d'arbres et d'arbustes. Le salon de cette dernière offre huit tableaux peints par Robert. Son boudoir est décoré de glaces et d'arabesques en plâtre d'un beau fini.

Parmi les nombreux écrits que fit éclore la bulle *Unigenitus*, on distinguait les remontrances en prose et en vers, dont les auteurs avaient emprunté le nom et le langage des villageois de Sarcelles.

Sarcelles est situé à trois quarts de lieue d'Écouen, trois lieues et demie de Paris. Sa population est d'environ quinze cents habitants. La terre de Sarcelles était 'un' ancien marquisat. On fait, en cet endroit, de très belles dentelles de fil d'or, d'argent, et de soie.

Ecouen.

Ce bourg, bien bâti, bien percé, est agréablement situé sur la pente d'une colline boisée ; toutefois n'offre-t-il en lui-même rien de remarquable : c'est d'ailleurs un passage difficile pour la route, à cause de la rapidité des pentes qu'il faut suivre, soit pour y arriver, soit pour en sortir. Il est distant de Paris de quatre lieues, et de six lieues de Pontoise, dont il dépend.

Dès le onzième siècle, Écouen appartenait aux Montmorency. Son château, qui s'élève avec majesté sur une éminence près de la route de Chantilly, fut construit sous le règne de François Ier, d'après les dessins de Jean Bulland, pour Anne de Montmorency. Après avoir fait long-temps partie des domaines de cette famille, il passa depuis à la Maison de Condé. Dans ces derniers temps, échappé, comme par miracle, à la destruction révolutionnaire, la plus grande partie des bustes, des tableaux, d'autres chefs-d'œuvre qu'il renfermait, furent enlevés, brisés, mutilés. Dans une des galeries qu'Anne de Montmorency avait fait élever, on remarquait des vitraux précieux, peints en camaïeux, représentant, en trente-deux tableaux, l'histoire de l'*Amour* et de *Psyché*, d'après les compositions de Raphaël. Cette suite de peintures, exécutée en 1545, était tout-à-fait digne du maître dont elle reproduisait les dessins ; mais un ignare vitrier d'Écouen, employant du grès en poudre pour la nettoyer, en détruisit les demi-teintes, et laissa le verre à nu dans plusieurs endroits. La chapelle et la sacristie offraient également des sujets d'après Raphaël, ainsi qu'une belle copie de la fameuse Cène de Léonard de Vinci. Ceux des objets d'arts qu'on a pu conserver, ont été transférés au musée des Monuments français.

Le château d'Écouen ayant été, en 1807, destiné à une institution des orphelines de la Légion-d'Honneur sous la direction de madame Campan, l'architecte Peyre se trouva chargé de sa restauration, et ses désastres furent réparés. Aussi présente-t-il, de nos jours, l'aspect le plus imposant et le plus romantique. De larges fossés l'environnent, des colonnes de la plus grande beauté le décorent. Ce château appartient aujourd'hui à madame du Cayla.

Écouen s'est acquis une triste célébrité dans nos annales par le fameux édit de juin 1559, lancé de son château, qui prononça la peine de mort contre les protestants. Une assemblée de convulsionnaires avait lieu à Écouen, dans la maison de Marie Durier. Cette folle fut arrêtée en 1743, et renfermée à la Bastille.

On trouve à Écouen une fabrique de dentelles de soie, une filature de coton exploitée par MM. Coulon père et fils. M. Ternaux y possède une fort belle maison.

Ermenonville.

Au nom seul d'Ermenonville, quelle ame ne s'ouvrirait aux plus douces émotions! quel être sensible ne parcourrait avec un sentiment d'ivresse, ce charmant Élysée où tout respire la paix, les arts, la philosophie; ne s'égarerait avec délices dans ses solitudes enchanteresses!

On arrive à Ermenonville par un chemin qui joint la route de Flandre: ce village est situé à neuf lieues et demie de Paris, trois lieues de Senlis. Environné de bois, il offre des points de vue pittoresques; la Nonette, qui le divise en deux parties, y fertilise la prairie la plus variée. Par lui-même le village d'Ermenonville est de médiocre importance, tant à cause de sa population minime qu'à raison du petit nombre de jolies maisons qu'il renferme.

Le domaine d'Ermenonville, dont l'existence remonte à la fin du septième siècle, fut possédé tour-à-tour par la famille des Bouteilliers, par Raoul Herpin, par les Montmorency-Laval; en 1603 Henri IV l'érigea en vicomté, en faveur du brave de Vic, amiral de France. Le château, placé à cette époque au milieu d'un parc mesquin, servit long-temps de retraite à la belle Gabrielle d'Estrées; Henri IV l'y venait visiter souvent. On voit encore, dans une île, un petit donjon gothique, qui porte le nom de *Tour de Gabrielle*. Du temps du bon Henri, des eaux stagnantes, des rochers, des ronces, des bruyères, environnaient ce bien triste manoir. Par suite de mutations successives, Ermenonville tomba en la possession de Louis de Girardin, à qui l'on doit, grace aux talents de Morel, d'avoir vu se métamorphoser une vallée marécageuse en un vrai lieu de délices. Qui pourrait en effet reconnaître un ancien désert dans ce mélange ingénieusement combiné des travaux de l'art et des trésors de la nature ?

Du sein de l'une des vastes pièces d'eau qui embellissent et le parc et les jardins, s'élève le château, situé dans la partie la plus étroite de la vallée; il la coupe en deux portions distinctes. Ce bâtiment considérable, flanqué de quatre tours, n'a d'autre mérite que d'offrir de son intérieur la perspective de deux paysages également beaux, quoique d'une nature fort différente. Si, vers le nord, le pays est plat, la végétation vigoureuse, le tableau riant; au midi, l'aspect est sévère : un sol irrégulier présente des massifs d'arbres placés au hasard et répandant leurs ombrages sur des monuments ; des monticules boisés s'y réfléchissent dans un lac dont les ondes s'échappent en cascades à travers les rochers. Ce lac embrasse mollement plusieurs îles jetées çà et là, sur lesquelles l'œil aime à se reposer ; la principale d'entre elles est l'*Ile des Peupliers*.

Sous ces peupliers, dont les tiges majestueuses semblent commander le recueillement et s'enorgueillir d'ombrager la tombe d'un grand homme, s'élève un cénotaphe : c'est là que reposent les cendres de Jean-Jacques. On parvient, à l'aide d'une petite barque, à ce nouvel Élysée. Le tombeau du philosophe fut construit à la place même d'un pupître en pierre, qui servait à de petits concerts qu'on donnait en ce lieu. Après avoir creusé une fosse sépulcrale, l'avoir revêtue ensuite en maçonnerie, on y plaça le cercueil qui était en plomb ; on le recouvrit d'une enveloppe de bois de chêne, où furent tracés ces mots : *Hîc jacent ossa J. J. Rousseau.* Sur une des faces du tombeau, on lit cette inscription : « Ici repose l'homme de la nature et de la vérité. »

Jean-Jacques Rousseau avait connu le bonheur à Ermenonville; il avait trouvé là cette paisible retraite après laquelle il avait tant soupiré : mais, hélas! qu'ils furent courts pour lui ces instants de bonheur! Arrivé pour la première fois, le 20 mai 1778, à Ermenonville, il y mourut d'apoplexie le 2 juillet suivant.

De la cabane de Rousseau, taillée dans une masse de grès, l'œil plane sur un vaste amphithéâtre d'où la nature se montre sous les formes les plus austères. Le sombre pin, le triste mélèze, le genévrier buissonneux, ne dérobent qu'une partie de ces rochers grisâtres que coupent de longues zones de bruyères ; les tranquilles eaux d'un grand lac baignent le pied de ces montagnes. Autour respire la mélancolie : c'est là que Jean - Jacques corrigea son *Émile*, termina ses *Confessions*, écrivit sur la *Botanique*. Cette solitude sauvage paraît jetée dans un parc fertile, comme le philosophe le fut au milieu des hommes. On montre, dans le cabaret qui touche à la maison de Rousseau, les sabots dont il se servait quand la terre avait été trempée par les pluies abondantes de l'hiver ; ils sont en bois, recouvert de pailles croisées, avec de petites semelles en liège dans l'intérieur.

Sur un plateau délicieux d'où l'on découvre tout le pays d'Ermenonville, le lac et les îles dont il est parsemé, s'élève, sous l'abri de pins majestueux, un temple dédié à la philosophie moderne. Ce temple, encore inachevé, rappelle le plan circulaire et le style du temple de la Sibylle, dont on admire les ruines à Tivoli. Il n'a que six colonnes d'élevées ; chacune d'elles porte, avec une devise caractéristique, le nom d'un philosophe. On y lit donc successivement les noms suivants : Descartes, Newton, W. Penn, Montesquieu, Voltaire, Rousseau. Des chapiteaux, des corniches, des fûts de colonnes, sont épars autour de l'édifice.

Pour décrire d'une manière satisfaisante la forêt et le château d'Ermenonville, il leur faudrait consacrer un volume. Cette terre tout entière offre en effet dix-huit à dix-neuf cents arpents à parcourir, et chaque pas devient le sujet d'une pensée, d'un sentiment.

Parmi les tableaux dignes d'occuper le pinceau de nos meilleurs peintres, puis-je cependant passer sous silence et ce paysage, à gauche de l'entrée du parc, qui réalise les plus suaves conceptions de Virgile, des Gessner, des Tompson, des Saint-Lambert; et cet obélisque qui, non loin de l'autel dédié à la douce rêverie, retrace aux yeux les noms de ces poëtes immortels; et cet ermitage, éclairé par une fenêtre gothique, où l'on arrive par un pont de bois, dont l'intérieur est tapissé de nappes de jonc et de mousse; et cette grotte sépulcrale qui l'avoisine, ombragée de cyprès et de saules pleureurs, dont l'inscription et les décorations funèbres attestent les malheurs de nos guerres civiles; et cette Arcadie qui, justifiant si bien son nom, rappelle cette contrée romantique de l'ancien Péloponèse? On y voit la grotte où vint s'abriter Léopold II contre un orage qui le surprit en visitant Ermenonville. La plaine au nord du château, les plantations qui l'environnent, le tombeau de Laure, le modeste monument de Maillard, la Tour de Gabrielle, offrent encore tour-à-tour de riants tableaux, de douces images. Pour tout dire enfin, Ermenonville est l'un des jardins les plus pittoresques, les plus justement célèbres que possède la France.

Mortefontaine.

Quel voyageur curieux, tout rempli des souvenirs enchanteurs que viennent de lui laisser Ermenonville et ses solitudes délicieuses, pourrait ensuite résister au desir de visiter un autre séjour non moins enchanteur peut-être, celui de Mortefontaine ?

Le château de Mortefontaine, que posséda long-temps Joseph Bonaparte, est assurément l'un des plus beaux des environs de Paris; son architecture est massive, mais son intérieur élégamment décoré. La grande route, qui passe à l'extrémité des cours de ce domaine, divise son parc en deux portions inégales.

Le petit parc offre non seulement les plantations les plus variées, les plus curieuses, mais encore une glacière dont le pavillon et la volière sont des plus jolis. Au milieu d'un bois d'arbres verts, parmi lesquels on remarque un pin du Nord, le plus grand qui soit dans nos contrées, s'élève un tombeau de marbre noir. Un temple, décoré de quatre colonnes ioniques, apparaît à l'extrémité de ce petit parc, duquel on se rend dans le grand par un souterrain pratiqué sous la grande route.

C'est ici que l'on marche de prestiges en prestiges ; ce ne sont plus de riants tableaux, d'élégantes proportions, de frais points de vue, qui vont frapper vos regards, mais une nature grandiose et sauvage, des tableaux imposants et majestueux. Deux lacs, celui des Islettes et de Vallière, traversent ce grand parc. Alimentés par la Mortefontaine, dont cet endroit tire son nom, ils baignent de belles prairies qu'entourent des coteaux boisés, souvent semés de rochers grisâtres, noircis par les orages. Une masse imposante de ces rochers, séparés, dit-on, par un tremblement de terre, est demeurée comme suspendue sur le lac Vallière ; de l'autre côté du lac, se montre la plus riche végétation.

6.

Le lac de Vallière a cent arpents d'étendue ; celui des Islettes, bien plus grand encore, offre une étendue de deux cents arpents. Du sein de ses eaux s'élève une île riante, animée ; de nombreux troupeaux y paissent ; des étables bien entretenues, de vastes bergeries construites sur des pelouses, leur servent de demeure. Par-tout, dans cette enceinte, on rencontre une végétation brillante, une agréable variété de verdure et de fleurs, et tous les grands arbres de l'un et de l'autre hémisphère. La cabane du pêcheur, la grange, et le moulin de Vallière, ajoutent à la beauté du lieu par leur situation pittoresque. L'aspect général de ce parc imprime à l'ame un sentiment de mélancolie indéfinissable.

Cette magnifique habitation, dont M. Clary se trouve depuis plusieurs années propriétaire, est constamment ouverte à tous les étrangers et voyageurs qui desirent la visiter ; mais elle est si vaste, et les sinuosités infinies qu'elle présente sont si multipliées, que l'on ne saurait aisément la parcourir sans guide.

C'est au château de Mortefontaine que fut

signé, le 3 octobre 1800, le traité entre la France et les États-Unis ; et à la suite de sa signature, les envoyés de cette république y reçurent une fête superbe.

Le village de Mortefontaine n'est éloigné de Paris que de huit lieues. La plus grande partie de son territoire se trouvant enclavée dans les dépendances du château, ce qui lui reste est fort peu de chose. Sa population est d'environ cinq cents habitants, y compris les hameaux de *Saint-Vy* et de *Montmeillan*. Il existe encore, dans ce dernier endroit, un vieux bâtiment presque en ruines, appelé la *Tour de Montmeillan*. Du pied d'un vieux donjon ruiné, l'on découvre, d'un côté, Paris ; de l'autre, Senlis, la tour de Montespilloy, les bois de Villers-Cotterets, de Chantilly, de Mortefontaine, et d'Ermenonville ; près de soi enfin, la ferme de Bertrand et la vallée des Tombeaux.

Belleville.

Belleville s'appela primitivement *Savie*, mot dérivé de *Savart* ou *Savary*, qui désigne, en certains pays, une terre en friche. Postérieurement il prit le nom de *Poitronville*, puis enfin celui de Belleville, dont il paraît redevable à sa situation sur une éminence, d'où l'œil découvre tout Paris.

Nos rois de la première race possédaient à Savie un château, dont il reste encore des vestiges dans une ferme située sur le haut de la montagne. Quoi qu'il en soit, Belleville n'est pas un village fort ancien ; en 1540, il ne s'y trouvait point encore d'église : celle qu'on y voit aujourd'hui n'a été bâtie que vers le milieu du seizième siècle ; elle est sous l'invocation de saint Jean-Baptiste.

On prétend que Belleville possédait jadis plusieurs couvents et pas moins de dix-sept seigneurs ; mais les couvents furent détruits, les seigneurs disparurent : c'est au point qu'avant la Révolution, ce village n'était encore qu'une dépendance de la paroisse de Saint-Merry de Paris. Depuis trente ans, il s'est accru d'une manière extraordinaire; des constructions nouvelles se sont naguère élevées de toutes parts, tant à Belleville qu'aux Prés-Saint-Gervais, dans le parc Saint-Fargeau, à Ménil-montant. Une quantité infinie de petites maisons agréables, de guinguettes placées sous des berceaux, attirent, chaque dimanche et jour de fête, une foule innombrable de Parisiens, qui viennent là goûter les plaisirs réunis de la danse et de la promenade. Des coteaux couverts de vergers et de vignes, coupés en tous sens de chemins ombragés de haies de lilas et de rosiers, entourent le village des Prés-Saint-Gervais, et font encore de ce lieu les délices des habitants de Paris.

On trouve, sur la montagne de Belleville, des sources assez abondantes; l'aqueduc qui sert à les conduire est un des plus anciens de Paris : il en est fait mention dès l'an 1487.

C'est à Belleville que demeuraient Favart et son inséparable ami l'abbé de Voisenon; c'est là qu'ils composèrent les jolies pièces qu'ils ont données à l'Opéra-Comique. Favart mourut à Belleville le 18 mai 1792, à l'âge de quatre-vingt-deux ans. La maison qu'il habitait est maintenant occupée par un pensionnat de demoiselles que dirige madame Noireterre. Favart fut enterré à Belleville près de son épouse; le modeste monument qui leur fut érigé n'existe plus; un cyprès indique leur sépulture.

Romainville.

Le nom de ce village est à jamais célèbre dans les fastes des Parisiens. Qui ne connaît ce délicieux bois de Romainville, où se sont faits tant de dîners champêtres? Ce bois, qui s'étend sur un sol diversifié par mille accidents naturels, présente des sites pittoresques qui se renouvellent sans cesse; on ne voit là, de tous côtés, que champs de roses, lilas, vignes, vergers, et bosquets. En côtoyant ce bois, on domine une vaste plaine où se balancent des flots d'épis dorés ; et l'œil ne découvre alors, de toutes parts, que riches cultures, beaux villages, habitations élégantes.

Romainville, situé dans la position la plus riante, sur une hauteur d'où la vue peut embrasser à-la-fois une grande étendue de pays, est l'un des environs de Paris les plus fréquentés. Les plus anciens titres qui parlent de ce village, datent du douzième siècle. On croit que son nom vient du premier propriétaire de ce lieu, que l'on suppose s'être appelé *Romain*, nom commun à tous les Gaulois après l'invasion des Francs et des Bourguignons. Possédée, en 1580, par Jacques de Romey, valet-de-chambre du roi, la terre de Romainville passa depuis en diverses mains ; elle appartenait enfin, en 1734, au marquis de Ségur. Achetée par M. Morand en 1755, elle lui dut de nombreux embellissements ; c'est lui qui fit construire le château qu'on y remarque, et dont la situation est sans contredit l'une des plus agréables des environs de Paris. Le parc de ce château, dessiné et planté avec goût, offre la réunion curieuse de presque tous les arbres et arbustes étrangers que l'art et la patience des botanistes sont parvenus à naturaliser en France. Cette jolie habitation appartient aujourd'hui à M. Cardon, maire du lieu.

Le moulin de Romainville, qui servait naguère de retraite à un général distingué, le comte de Valence, est une fort jolie maison de campagne. Située sur le bord du bois, elle est sur-tout remarquable par sa position délicieuse, son petit parc, ses plantations élégantes, ses promenades fraîches, et ses eaux toujours pures. Elle doit son nom à un moulin placé à quelque distance.

Au bas d'une petite hauteur inculte, sur laquelle on voit encore les ruines d'un bâtiment triangulaire, est un gouffre en forme d'entonnoir, où les eaux des environs viennent s'engloutir, entre autres, celles d'une fontaine qui prend sa source près de là, sur une élévation. Ce gouffre est connu sous le nom de *Trou Vassou.* On en parlait beaucoup jadis; il n'excite plus aujourd'hui le moindre étonnement.

Il n'y a que fort peu de chose à dire de

l'église de Romainville ; elle est petite, mes-
quinement ornée. On la suppose construite
sous la seconde race de nos rois, si l'on en
juge par les quatre piliers qui supportent la
voûte.

Pantin.

En sortant du bois de Romainville on arrive
à Pantin, village où l'on trouve plusieurs maisons de campagne assez jolies, notamment celle
que bâtit Bellenger en 1785 ; mais les jardins
de la plupart d'entre elles sont petits et mal
plantés.

Pantin n'a pas joué un rôle bien important
dans les temps anciens. Suivant une bulle de
Calixte II, il s'appelait *Penthium* ou *Penticum* ;
en l'an 1150, Thibaud, évéque de Paris, lui
donna le nom de *Pentin* ou *Pantin*, qu'il a conservé depuis.

L'église de Pantin, sous l'invocation de saint

Germain, évêque d'Auxerre, est petite, mal ornée, peu ancienne; on croit qu'elle fut détruite pendant les guerres de religion, puis reconstruite plus tard.

C'est du sein des riants coteaux qui dominent Pantin que sort une partie des eaux qui alimentent les fontaines de Paris. Les premiers travaux, entrepris dans ce but, furent exécutés avant le règne de Philippe-Auguste, par les moines de Saint-Laurent, de Saint-Martin, et de Saint-Lazare. Ces travaux consistent en un aqueduc souterrain, accompagné de regards. Déja, sous Philippe II, cet aqueduc fournissait les trois plus anciennes fontaines de Paris: celles des Halles, des Innocents, de la rue Maubuée. Le nombre des fontaines alimentées par ces eaux s'accrut insensiblement; on en comptait déja seize au temps de Louis XII.

Les émanations fétides, trop souvent apportées à Paris par un vent nord - est, avaient fait regarder Pantin comme un endroit insalubre; son nom même était passé en proverbe pour désigner une mauvaise odeur. Aujourd'hui, grace à de sages mesures, ce village n'est

CANAL DE LA VILLETTE.

plus exposé au dicton peu flatteur : *Cela sent Pantin.*

Les Parisiens, desireux de visiter cet endroit comme ses environs, trouvent, au moyen du canal de l'Ourcq, un point de communication entre la barrière de la Villette et ce village : une galiote élégante, qui va jusqu'à Claye, passe près de Pantin ; pour un prix modique, elle y transporte les promeneurs.

M. Dumoutier fabrique à Pantin, sous le nom de *chaux hydraulique*, un mastic inattaquable, peu coûteux, impénétrable à l'eau ; cette chaux rend déja, dit-on, d'importants services à l'architecture.

Bondy.

Ce village, situé dans une plaine sur la route de Meaux, se recommande par son antiquité ; car il était connu, dès le septième siècle, sous le nom de *Boniciaca*. Son château, qu'on voit à son extrémité occidentale, appartient à madame Legouès ; un beau parc l'environne ; le canal de l'Ourcq passe dans son voisinage, et contribue à le vivifier.

Traversé par la grande route d'Allemagne, Bondy, sans être populeux, ne laisse pas d'être un endroit fréquenté. Son église est moderne ; toutefois ses fondations, assises sur un sol aquatique, par conséquent peu solide, menacent ruine chaque année. Il pourrait arriver qu'on ne dût pas se contenter toujours de la réparer comme on le fait, mais qu'il fallût enfin en construire une nouvelle.

Bondy doit une partie de sa célébrité à la forêt qui l'avoisine. Le nom de cette forêt était passé en proverbe pour désigner un lieu de brigandages : mais, loin de présenter, de nos jours, le moindre danger aux voyageurs qui la traversent, elle ne leur offre plus que de belles promenades ; car elle se trouve coupée par le canal de l'Ourcq, et percée d'une multitude de routes.

C'est dans la forêt de Bondy qu'autrefois la basoche de Paris s'assemblait au mois de mai, tous les ans, en grande cérémonie, au pied

LE RAINCY.

un [illegible]
[illegible]
[illegible] dans c[illegible]
[illegible]
[illegible] ui de sa[illegible]
[illegible] de pla[illegible]

[illegible]
[illegible]
[illegible] pas [illegible]
leurs de[illegible]

[illegible]

On se[illegible]
[illegible]gnifique [illegible]
[illegible] pas [illegible]
[illegible]
[illegible]
qu[illegible]
[illegible]

d'un orme consacré de temps immémorial, sous le nom d'*Orme aux harangues*. C'est encore dans cette forêt que Chilpéric, roi de France, fut, dit-on, assassiné par Landry, amant de sa femme, et d'après l'ordre de cette *vertueuse* princesse.

L'empereur de Russie et le roi de Prusse, qui avaient, en 1814, leurs quartiers-généraux à Bondy, y signèrent le 30 mars la fameuse capitulation de Paris ; et le surlendemain ces monarques étrangers entraient en triomphateurs dans la capitale.

Le Raincy.

On se rend, de la route d'Allemagne, à cette magnifique résidence, par une avenue majestueuse de peupliers, plantée à double rang, non moins remarquable par sa longueur que par la beauté mâle et vigoureuse des arbres qui la composent.

Le parc du Raincy a près de sept cents arpents ; c'est l'un des premiers qu'on ait plantés dans le genre *paysagiste*. On y voit tour-à-tour, en le parcourant, la Grotte des Bains, la Maison russe, imitation fidèle des constructions en bois des rives du Ladoga ; le pont de fer, placé dans un site riche en arbres verts ; la porte de Chelles, bâtiment gothique de bon goût ; l'orangerie, remarquable par sa grandeur ; le hameau, suite de petites maisons élégantes qui s'étendent le long d'une belle pièce d'eau ; enfin un chenil et des écuries, d'un bon style. Quant au château, abattu en grande partie, il ne reste de son péristyle que six colonnes ioniques.

La présence d'une rivière en ces lieux a permis de donner un air naturel aux ponts, aux montagnes, aux rochers, qu'on a trop prodigués, il est vrai ; mais du moins cette rivière est véritable : il y a de l'eau sous les ponts ; les montagnes sont assez hautes pour qu'on ne les puisse franchir en sautant ; les rochers sont formés de pierres énormes. On a multiplié les allées sinueuses le long de ce ruisseau, qui prend sa source dans le parc même. Les arbres, pressés les uns contre les autres, recouvrent, de la manière la plus pittoresque, l'onde qui les vivifie, et répand sur son cours un ombrage frais et romantique auquel on trouve un charme indéfinissable.

Le château du Raincy fut bâti en 1652, pour l'intendant des finances Bordier, auquel il coûta près de cinq millions, somme énorme alors, équivalant à dix millions de nos jours. Après sa mort, il passa à la princesse palatine; ses héritiers le vendirent, en 1698, à la famille des Livry ; en 1750, il fut acheté par l'avant-dernier duc d'Orléans. C'est alors que ce château devint un objet digne de l'attention des curieux : le prince, voulant en faire une habitation digne de lui, changea toute la distribution des jardins, et ne conserva des plantations de M. Bordier que la magnifique avenue de peupliers qui conduit au parc. En 1793, le Raincy se trouva compris dans le décret de la Convention relatif aux maisons royales, qui ordonnait de les entretenir aux frais de la République, pour servir aux jouissances du peuple : cependant, quelque temps après, cette propriété retourna à un descendant de ses anciens propriétaires, le marquis de Livry. Ce seigneur y donna souvent, pendant le cours de la Révolution, des fêtes magnifiques où figuraient mesdames Tallien et Récamier, si célèbres par leur beauté, leur luxe, et leur élégance. Plus tard, le Raincy fut acheté par M. Perrin ; depuis 1817, il est redevenu la propriété de la Maison d'Orléans.

Livry.

Livry est l'un des endroits les plus anciens des environs de Paris : dès l'an 1228, l'histoire en parle comme d'un lieu considérable ; il portait primitivement le nom de *Livriacum*. Alors son château était si fortifié, que Louis-le-Gros fut contraint, pour s'en emparer, d'épuiser toutes les ressources de l'art militaire de son temps. Ce château-fort se trouvait, d'une part, défendu par le roi d'Angleterre et Thibault, comte de Champagne ; de l'autre, assiégé par le fameux comte Raoul et le roi de France. Plusieurs assauts terribles lui furent livrés ; mais la vigoureuse résistance des assiégés les rendait constamment inutiles : un assaut général est enfin ordonné ; le roi lui-même marche à la tête des assaillants ; bientôt Raoul perd un œil, Louis-le-Gros est blessé à la cuisse ; ces deux accidents inspirent alors une telle fureur à leurs soldats, qu'ils se précipitent sur les remparts, pénètrent dans la place, massacrent sans pitié toute la garnison, incendient le château, et rasent ses fortifications.

La terre de Livry passa, en 1510, à la maison des Sanguin de Paris, qui en prirent depuis et le titre et le nom ; elle n'avait jusqu'alors été qu'une baronnie : on l'érigea en marquisat. Les descendants de Louis Sanguin y firent construire un château, qu'ils ont conservé presque jusqu'à ces derniers temps. De nos jours, il appartient au comte de Damas.

Indépendamment du château, qu'habitèrent tour-à-tour Philippe-le-Bel en 1305 et 1311, Philippe-le-Long en 1317, on remarque encore à Livry deux maisons de campagne dont les jardins paraissent d'autant plus vastes qu'ils avoisinent la forêt de Bondy.

Livry compte aujourd'hui neuf cents habitants environ ; mais que fut-il long-temps ? un hameau, dans lequel un petit nombre de chaumières s'élevaient éparses autour d'un château magnifique et d'une modeste chapelle. La terre de Livry une fois érigée en marquisat, la simple chapelle se changea en église, et Livry en paroisse. Cette église, sous l'invocation de Notre-Dame, est petite, et n'offre rien de remarquable : comme elle a plusieurs fois été réparée, on ne saurait dire à quel genre d'architecture elle appartient.

Entre Livry et le Raincy, à peu de distance de la route, on trouve les restes de l'ancienne abbaye de Livry, fondée en 1136 par Guillaume de Harlande ; elle fut habitée quelque temps par la célèbre madame de Sévigné. Ce fut sous les riants ombrages de ces bois qu'elle écrivait à sa fille sur l'éducation. On fit depuis, de cette abbaye, une jolie maison de campagne, qui appartenait naguère encore au comte de Dillon, maire de l'endroit.

Montfermeil.

En sortant de Livry, pour rentrer dans la forét de Bondy, on trouve, sur sa gauche, un grand village du nom de Montfermeil, situé sur une éminence du haut de laquelle la vue se promène agréablement sur la vallée de la Marne. Ce village, qu'entoure la forét de toutes parts, renferme plusieurs jolies habitations, au nombre desquelles on cite les maisons de MM. Caillot et Renouard. Le château seigneurial est la propriété de madame Hocquart ; un autre château magnifique appartient aux héritiers de feu le général Loison.

On aurait peine à croire que, vu sa situation élevée, Montfermeil ne fût pas privé d'eau. Eh bien ! l'eau y abonde ; elle est fournie par un grand nombre de fontaines, dont plusieurs se trouvent même dans l'intérieur des maisons.

Montfermeil (*Mons Firmalis*) est un village fort ancien ; il possédait, au treizième siècle, une léproserie, comme c'était alors l'usage dans beaucoup d'endroits. La terre de Montfermeil relevait de l'abbaye de Chelles : on a pris occasion de ce fait pour rapporter une coutume singulière qui ne semble justifiée par aucun titre ; on a prétendu que chaque nouveau seigneur, avant de prendre possession de sa terre, était tenu de se laisser conduire sans vêtements, le corps ceint d'une corde, devant l'abbesse, qui, prenant le bout de cette corde, disait alors : *A qui tient-il?* Voilà, sans contredit, une prestation de serment bien bizarre.

Chelles.

Ce bourg se recommande par son ancienneté et la célébrité de son abbaye. Situé sur les bords de la Marne, à quatre lieues et demie de Paris, il compte douze cents habitants à-peuprès ; son territoire est peu fertile, et les maisons de campagne qu'il renferme, médiocrement remarquables. Chelles vit donc, à proprement parler, aujourd'hui de souvenirs ; retraçons-les.

Son nom primitif de *Cala* ou *Kala*, qui signifiait abattis de bois ou défrichement de forêt, est dû à la coutume qu'avaient les rois de la première race de bâtir leurs maisons royales ou châteaux non loin des foréts dans lesquelles ils se plaisaient à chasser. Ils avaient donc à Chelles une maison de plaisance : c'est là que Chilpéric renfermait son trésor, là que Clotaire II fesait sa résidence pendant la belle saison ; déja Clovis II avait long-temps habité ce palais de Chelles ; plus tard, Robert y tint une assemblée d'évéques.

L'abbaye de Chelles, qui depuis fut si renommée pour la richesse et la beauté de son église, eut pour première fondatrice sainte Clotilde, femme de Clovis : ce n'était d'abord qu'un monastère de filles ; mais sainte Bathilde, s'étant, après la mort de Clovis II, retirée à Chelles, fit remplacer ce petit monastère par des bâtiments spacieux et une magnifique église ; après quoi elle prit le voile. Dès ce moment, l'abbaye de Chelles devint si importante que plusieurs princesses la dirigèrent tour-à-tour. L'une des femmes de Charles Martel, Sonichilde, y mourut. Giselle, sœur de Charlemagne, en devint abbesse. Il en fut ainsi de la mère de l'impératrice Judith ; d'Hermentrude, épouse de Charles-le-Chauve ; de Bathilde, fille du même monarque. Beaucoup plus récemment, une sœur de madame de Fontanges fut nommée abbesse de Chelles ; postérieurement encore, une fille du régent, Marie-Adélaïde d'Orléans, y prit l'habit le 30 mars 1717.

Le monastère de Chelles eut, comme tant d'autres, à souffrir des guerres civiles ou étrangères. Charles V, n'étant encore que régent, vint, le 24 juin 1358, loger à Chelles avec ses troupes. La même année, les Anglais mirent l'abbaye au pillage... En 1363, le feu du ciel la consuma presque en totalité. En 1429, les Anglais survinrent encore, et y causèrent de nouveaux ravages. Enfin elle fut supprimée en 1790, et démolie trois ans après. Si l'abbaye n'existe plus, les bâtiments somptueux qui servaient à loger quelques religieuses n'ont pas entièrement disparu. De quelques uns d'entre eux on a fait une auberge, un pensionnat, une ferme, et plusieurs habitations particulières. L'église, entièrement détruite, était remarquable par son étendue, la richesse de ses ornements, la beauté de ses vitraux, semblables à ceux de Saint-Denis ; enfin par la grille de son chœur, qui passait alors pour le chef-d'œuvre de la serrurerie. Elle renfermait plusieurs tombeaux de saints et de souverains : on y voyait aussi des reliques précieuses, notamment celles de sainte Bathilde, le calice de saint Éloi, dont la coupe en or était enrichie d'émaux.

Chelles, qui, de compte fait, possédait jadis trois églises, n'a plus de nos jours que son église paroissiale, sous l'invocation de saint André, monument gothique qui paraît dater du douzième siècle. Quoiqu'elle ait été plusieurs fois réparée, ces constructions modernes ne nuisent pas à l'ensemble de l'édifice, dont l'aspect est encore fort imposant.

Etioles.

En se rapprochant de Paris, on trouve à six lieues et demie de cette capitale, non loin de la forêt de Sénart, le très petit village d'Étioles, par lui-même d'une fort médiocre importance sans doute ; mais les souvenirs qui s'y rattachent sont à-la-fois célèbres et pénibles pour la France. Sa situation entre la Seine et la forêt de Sénart en fait un séjour agréable.

En entrant dans Étioles, les seuls objets qui frappent les regards sont deux châteaux. Le premier appartenait au savant Duhamel : c'était, selon les expressions de Colardeau, le château d'un sage aux malheureux ouvert ; ce poëte distingué habitait cette paisible retraite, propriété actuelle de M. Sibuet.

L'autre château appartenait au fermier-général Le Normant, mari de la fameuse Pompadour, courtisane habile qui gouverna pendant vingt-trois ans Louis XV et la France. C'est à

Étioles que fut élevée cette mademoiselle Poisson, qui ne s'attendait guère alors à devenir un jour marquise de Pompadour. Qui l'eût pu croire en effet que la fille d'une femme entretenue et d'un paysan de La Ferté-sous-Jouare fût destinée à voir une cour entière, des princes même à ses pieds, à s'entendre enfin appeler *chère cousine* par une princesse aussi altière que Marie-Thérèse? Bien que cette courtisane eût amassé une immense fortune, le petit village qui l'avait vue naître ne gagna rien à son élévation. L'ancien château d'Étioles est, de nos jours, la propriété de madame de Saint-Aulaire.

Quoique certains auteurs ne parlent point d'Étioles, il est constant que ce village est fort ancien. Dans des chartres du treizième siècle, il s'appelait *Atiolæ ;* au commencement du quatorzième, *Athyoles*, puis *Aithyoles,* enfin *Étioles.* Il est présumable que ce mot celtique, latinisé, signifiait *hutte* ou *cabane.*

𝕭𝖗𝖚𝖓𝖔𝖞.

Le joli vallon d'Yères, qui borde au nord la forêt de Sénart, offre des villages bien exposés. Dès qu'on a traversé cette forêt, on rencontre à gauche Draveil, à droite Brunoy. Le premier de ces endroits posssède un château moderne d'une décoration simple, précédé de belles avenues, entouré d'un beau parc ; et l'on trouve dans ses environs, sur-tout à Champ-Rosay, de nombreuses maisons de campagne.

Le second Brunoy, tout-à-fait déchu de ce qu'il était il y a trente ans, n'a, de nos jours, à bien dire, qu'un reste d'illustration qui le recommande à l'intérêt du voyageur. D'abord l'antiquité de ce village est incontestable. Dagobert Ier, dans son testament, léguait formellement, en l'an 638, *Villam Brunnatæ in Briægio* (Brunoy en Brie) à l'abbaye de Saint-Denis. Puis son église elle-même, sous l'invocation de saint Médard, est fort ancienne, puisqu'elle remonte au-delà du treizième siècle; enfin ce village a fréquemment été le séjour des plus anciens princes de la maison de Valois, qui en avaient fait leur rendez-vous de chasse. On a même cru reconnaître les restes de leur château dans une vieille tour ronde, près le hameau des Beausserons, qu'on appelait la *Tour de Ganne.*

Mais faut-il s'étonner que l'antique habitation des Valois n'ait laissé que des vestiges incertains, quand le château de Brunoy, qui se targuait d'être plus ancien que Corbeil, qui fesait de Brunoy l'un des plus splendides séjours des environs de Paris, n'existe plus lui-même? Un riche financier, Paris de Montmartel, avait dépensé pour l'embellir des sommes considérables. Des jardins, des bosquets, des terrasses, des jets d'eau, des cascades et des canaux ornés de vases et de statues de marbre, des appartements somptueux, un intérieur décoré des tableaux de Casanova, un parc enfin d'une étendue immense... en un mot, tout ce que l'art et la richesse peuvent réunir de plus précieux avait concouru à embellir ce château, à lui assigner un des premiers rangs parmi les plus belles propriétés de France. Louis XV érigea la terre de Brunoy en marquisat. Le fils de Paris de Montmartel s'étant ruiné par suite de folles prodigalités, son château fut acheté par Monsieur (depuis Louis XVIII), qui, une fois possesseur de ce domaine, n'épargna rien pour en faire un séjour vraiment royal. Que reste-t-il aujourd'hui de ce château? de tristes débris.

Talma possédait à Brunoy une maison dont les jardins, traversés par l'Yères, étaient d'ailleurs bien distribués; elle se trouvait placée au bout du pont, à l'endroit où commence la route qui conduit à Montgeron. Plusieurs autres maisons de campagne se font remarquer aux alentours.

Grosbois.

Ce hameau, dépendant de la commune de Boissy-Saint-Léger, était appelé, dès l'an 1226,

Grossum Nemus. De peu d'importance par lui-même, il doit sa célébrité à son château et aux familles illustres qui l'ont possédé.

Le château de Grosbois appartenait, au seizième siècle, à un valet-de-chambre, barbier du roi ; il passa entre les mains d'un trésorier de l'épargne, dont la fille l'apporta en dot à Nicolas de Harlay, qui le vendit à Charles de Valois, fils naturel de Charles IX. Ce prince, ami des arts, commença de former le parc qu'on voit aujourd'hui. Jusque-là Grosbois avait été une paroisse séparée, et possédait une église qui lui était particulière. Mais Charles, voulant donner à l'habitation qu'il se créait une étendue digne de sa haute naissance, obtint la permission d'abattre et la paroisse et l'église. Voici même la manière assez bizarre dont il s'y prit. Un jour que le curé et les paroissiens étaient allés en procession dans une paroisse voisine, il fit venir tout-à-coup une multitude d'ouvriers et de soldats, qui mirent à cette démolition tant de promptitude qu'ils l'eurent effectuée avant le retour des gens intéressés à sa conservation. Il en fit rebâtir une autre, quelques années après, dans un endroit différent.

Au siècle suivant, Grosbois rentra dans la famille de Harlay, qui l'acheta des héritiers du duc d'Angoulême ; il fut ensuite acheté par le fils du fameux financier Samuel Bernard, qui le vendit, en 1717, au chancelier Chauvelin, dont la famille le posséda jusqu'en 1762. A l'époque de la Révolution, il appartenait à Monsieur, comte de Provence. Lors de l'avènement de Napoléon au consulat, Barras se retira dans ce château ; et c'est à lui qu'on en doit la conservation. Mais, devenu alors trop mince particulier pour garder une si belle propriété, il la vendit quelque temps après au général Moreau. Celui-ci, non moins simple et modeste dans ses goûts que Catinat, passait, comme lui, dans sa retraite, une vie pleine de gloire et d'espérances. C'est dans ce temps qu'impliqué dans la fatale affaire de Pichegru, il se vit tout-à-coup arraché à sa solitude, à sa famille, enfin même à sa patrie. Dès-lors Grosbois fut vendu au prince Berthier ; sa veuve et ses enfants le possèdent encore.

Le château de Grosbois consiste en trois

corps de bâtiments. L'un d'eux, dans le fond, s'arrondit en demi-cercle ; les deux autres, à droite et à gauche, en forment les ailes. On y arrive par une belle avenue. Les jardins, qui touchent aux bâtiments, sont vastes et bien dessinés. Quant au parc, tout planté en bois et clos de murs, il n'a pas moins de dix-sept cents arpents d'étendue. Aussi renferme-t-il toute espèce de bêtes fauves ; et, sans sortir de chez lui, le propriétaire se procure-t-il les plaisirs de la chasse. Grosbois est l'une des plus belles résidences des environs de Paris.

La Grange.

Au centre d'une masse de bois qui couronne les hauteurs du bourg d'Yères, s'élève le château de La Grange. Ses avant-cours, fort étendues, sont entourées de doubles fossés. Vu de ce point, il offre une architecture gothique en briques, et, du côté du parc au contraire, une architecture moderne. On arrive à ce château par de belles avenues. Son rez-de-chaussée est remarquable par une immense galerie en stuc, ornée de trophées d'armes fort bien conservés, et de bustes, parmi lesquels celui du héros de Fontenoy. En effet, La Grange, après avoir primitivement appartenu à la veuve du duc de Guise *le Balafré*, était devenu plus récemment le domaine du maréchal de Saxe.

Le parc de La Grange, qui peut avoir cent vingt arpents, fut planté sur les dessins de Le Nôtre. On y trouve une source d'eau vive, appelée *la Sylvie*, d'une salubrité et d'une légèreté extraordinaires.

Entre La Grange et l'ancien couvent des Camaldules, il se trouve un bois où se tient annuellement, au mois de mai, une fête champêtre qui attire non seulement tous les habitants des alentours, mais encore beaucoup de monde de Paris. Dans les environs, il existe en outre un petit monticule, nommé *le Griffon*, du haut duquel on découvre Paris et ses alentours. Cette butte fournit toutes les sources qui embellissent le coteau sur la pente duquel Yères est situé, et sa base est entourée de beaux villages et d'un grand nombre de maisons de plaisance.

Montgeron.

Montgeron n'est qu'un village; mais sa situation sur une éminence est l'une des plus agréables qu'on puisse imaginer, et des souvenirs précieux s'y rattachent. C'est à Guillaume Budée, l'un des hommes les plus savants de son siècle, qu'appartenait jadis le superbe château de Montgeron, le même qui, prévenu que le feu venait de prendre à sa maison, répondit froidement : « Avertissez ma femme; je ne me mêle point d'affaires de ménage. » La terre de Montgeron passa successivement des mains de la famille Budée en celles des Brulart, des Guy-Carré, de Jean André, qui fit, dans le jeu de finance de Law, une fortune immense et rapide; elle appartint ensuite à Fabert, trésorier des Invalides, au marquis de Boulainvilliers, à M. Page. Enfin elle est de nos jours, la propriété de M. Dambricourt.

Ce domaine, l'un des plus beaux des environs de Paris, offre des points de vue vraiment enchanteurs. Les jardins, l'orangerie, les parterres, les terrasses, les eaux, les bosquets, tout y est de la plus grande magnificence. Une superbe avenue conduit du château à la forêt de Sénart, qui servait de rendez-vous à la cour dans le temps des chasses de cette forêt ; et c'est la plus belle qu'on puisse voir dans les alentours de la capitale.

L'église de Montgeron, sous l'invocation de saint Jacques-le-Mineur, n'a été érigée en paroisse qu'au douzième siècle. Les vieilles chartres désignent ce village sous le nom de *Mons Gisonis*.

Villeneuve-S.-Georges.

Bâti sur la rive droite de la Seine, Villeneuve se trouve dans une position charmante, au pied d'une montagne assez roide, sur laquelle est assise l'église paroissiale. Au neuvième siècle, ce n'était qu'un très petit village ; mais son heureuse situation, sa proximité de la rivière, y attirèrent de nouvelles familles. Avant que Villeneuve-le-Roi existât, il s'appelait simplement *Villa Nova* ; mais, depuis la fondation de ce dernier village, il prit, pour être distingué, le surnom de son patron saint Georges.

Villeneuve-Saint-Georges possède un grand nombre de maisons de campagne, parmi lesquelles on peut citer celle de M. Joly de La Tour. Remarquable par sa gracieuse construction, cette maison l'est davantage encore par ses jardins magnifiques, terminés par une superbe terrasse qu'ombrage une grande allée d'arbres, et du haut de laquelle on jouit de l'aspect d'un paysage enchanteur.

Le château de Beauregard, monument le plus important de Villeneuve, domine toute cette belle campagne ; c'était la résidence favorite du cardinal de Furstemberg, qui s'y faisait donner de nombreux et brillants concerts dans un salon voûté et sonore. Voici la description

qu'en fait le comte Vernier, qui l'a habité :
« Ce château, placé sur une montagne, aux
deux tiers de sa hauteur, domine le vaste bassin de la Seine, embelli de tout ce que l'art et
la nature ont de plus séduisant. Au-dessous de
cette habitation, ce fleuve forme un cercle
convexe qui, par des détours multipliés, se
prolonge de droite et de gauche à plus de deux
lieues de distance, sans rien dérober à l'œil de
ses sinuosités. Plus loin, au-delà du fleuve,
est une immense et fertile plaine, terminée par
des coteaux qui forment un demi-cercle con-
cave très alongé. Ces coteaux, couronnés par
des vignes, des foréts, des parcs, des jardins,
des allées symétriques, des châteaux, des
moulins, et des villages sans nombre, fixent
et terminent agréablement la vue. De cette
habitation, on découvre les dômes, les tours,
et autres grands édifices de la capitale, les
montagnes de Montmartre, du Calvaire, et, du
côté opposé, l'antique fanal de Montlhéry. »

Quoique très élevé, ce château jouit de
l'avantage inappréciable d'avoir, même dans
les temps de sécheresse, des eaux abondantes,

limpides, et toujours fraîches. Elles alimentent non seulement le château, mais encore toutes ses dépendances ; font jouer deux jets d'eau, et retombent ensuite par cascades dans une rivière anglaise. Le parc, d'une assez grande étendue, communique au jardin, et fait le principal ornement de l'habitation ; il est planté, par intervalles, d'arbustes qui forment des berceaux d'arbres fruitiers, de vignes, et couvert d'un bois percé par de grandes allées et de nombreux sentiers en forme de labyrinthe.

Près de ce château, séjour de l'oisive opulence, s'élèvent avec moins d'appareil la vaste raffinerie de MM. Cottreau, et plusieurs fabriques considérables. Le voisinage de la Seine rend d'ailleurs Villeneuve très commerçant.

Brévannes.

Dans un vallon, au bas de la montagne sur le côté de laquelle s'élève en amphithéâtre la commune de Limeil, on aperçoit Brévannes, hameau assez considérable que recommandent et son château et la petite maison qu'y possédait madame de Coulanges. C'est dans cette retraite d'une des femmes les plus belles et les plus aimables de son siècle que madame de Sévigné se plaisait à passer une partie de l'été ; car elle affectionnait singulièrement Brévannes. La maison de madame de Coulanges subsiste encore ; plusieurs autres jolies habitations l'avoisinent.

Le château de Brévannes est remarquable par l'élégance et la solidité de son architecture, la beauté de ses avenues, l'étendue de ses dépendances. Il est environné de vastes fossés dont les eaux proviennent de sources abondantes qui répandent encore le luxe de leurs ondes dans les jardins, et sont recueillies dans des bassins dont la grandeur égale la variété. L'orangerie, par le choix, le nombre, et la beauté de ses arbres, ajoute encore à l'agrément du château. Le parc, les bosquets, et les plantations de tout genre, ont été exécutés sur les dessins de Le Nôtre. La petite chapelle, sous l'invocation de Marie-Madeleine, est un véritable oratoire champêtre ; de jolis bosquets en font ressortir l'élégante simplicité. Quelques allées, par leur étendue, offrent un aspect aussi noble qu'imposant, à cause des voûtes qu'elles forment. Les bois de cette terre superbe sont renommés par les jolis bals champêtres d'été qui s'y donnent. On y voit réunis les habitants des châteaux et des maisons de campagne des environs. Ce château fut, en 1786, reconstruit, sur un plan très vaste, par Lepileuz, conseiller au parlement. On évalua les dépenses de construction et d'embellissement à un million. Primitivement, il avait appartenu au duc de Chaulnes, gouverneur de Bretagne ; il est présentement la propriété de madame la baronne de Varanges.

Alfort.

Ce hameau n'est pas digne sans doute, sous le rapport de ses beautés pittoresques, de fixer l'attention du voyageur ; mais sa renommée européenne lui donne, en revanche, des droits incontestables à l'intérêt de quiconque aime son pays et les arts industriels qui l'enrichissent. Alfort doit son origine à l'un de ces hôtels que nos aïeux bâtissaient à la campagne, et que nous avons appelés depuis *châteaux*. Celui-ci portait, en 1362, le nom d'*Harrefort*, puis d'*Hallefort* en 1612. Le château, vaste, mais d'une construction lourde et massive, est dans une position charmante, à la pointe des deux grandes routes de la Bourgogne et de la Champagne; on y jouit à-la-fois de l'aspect de la Seine et de la Marne.

L'école d'Alfort, devenue depuis aussi célèbre par les élèves qu'elle a produits que par les professeurs habiles qui l'ont en tout temps dirigée, fut fondée, sur les plans de Bourgelat, en 1766, par le ministre des finances Bertin. La direction de cette école fut d'abord confiée à Chabert, puis à Gilbert; enfin à M. Huzard, qui la conserve encore de nos jours. L'anatomie, la botanique, la pharmacie, l'étude des maladies tant internes qu'externes des animaux, de leur traitement, des soins que l'on doit donner à leur éducation, font l'objet d'autant de cours que l'on y professe. Aussi la médecine des animaux est-elle mieux suivie en France qu'en aucun autre pays du monde, les épizooties y sont-elles plus rares, et la destruction des bestiaux bien moins grande qu'autrefois.

Alfort possède une riche bibliothèque et deux cabinets, l'un de zoologie, l'autre de pathologie, uniques en Europe, dont la création est due au zèle de son premier directeur. On y trouve en outre de vastes hôpitaux pour les animaux malades, des forges, un laboratoire de chimie, un rucher, un terrain pour la culture des fourrages, un amphithéâtre pour les cours, un troupeau destiné à des expériences sur le croisement des races et l'amélioration des laines; enfin un jardin botanique, le plus beau peut-être de ce genre qui soit en France Une partie des élèves est aux frais du gouvernement; d'autres paient pension. Les élèves de l'État sont reçus à seize ans, et au-dessus de vingt jusqu'à trente; les autres sont admis à tout âge : la durée des cours est de huit ans.

Les maisons voisines de l'école, qui bordent les deux routes et les quais, forment un hameau qu'on désigne sous le nom de *Charentonneau*. On y voyait jadis un petit château, dont une galerie renfermait quelques peintures et plusieurs statues estimées.

Conflans.

Ce hameau est situé au confluent de la Seine et de la Marne : ce qu'indique son nom latin *Villa de confluente*. Il fait aujourd'hui partie de la commune de Charenton-le-Pont ; c'était jadis précisément le contraire : mais l'affluence des passagers qu'attirait la commodité du pont de Charenton, ayant fait bâtir un grand nombre de maisons à sa suite, la dépendance devint plus considérable que le chef-lieu ; et quand, sous le nouveau régime, on s'occupa du classement des communes, Charenton obtint la préférence, et Conflans resta hameau, comme devant. Nos premiers rois de la troisième race

PAVILLON DE CONFLANS.

de la capital.

avaient ce qu'on appelait alors un hôtel de campagne à Conflans.

La belle position de ce hameau, sa proximité de la capitale, et sur-tout l'agrément de son paysage, qui s'étend le long de la Seine, l'ont fait singulièrement rechercher des amateurs de maisons de campagne ; aujourd'hui même, il ne renferme guère que des habitations, toutes remarquables par leur élégance et leurs jardins en amphithéâtre. Avant la Révolution, le château de Conflans appartenait aux archevéques de Paris, seigneurs de Charenton. Ce fut François de Harlay qui l'acheta, le premier, en 1672, du duc de Richelieu ; il avait dans ses dépendances une des îles que la Seine forme en cet endroit. L'archevéque le fit entièrement rebâtir, et le légua, par son testament, à ses successeurs. Sous le rapport de l'architecture, ce château, irrégulier et d'un goût assez bizarre, n'offre rien qui soit digne d'attirer les regards ; mais son exposition est admirable. Situé sur la pente d'un coteau, on y jouit d'une vue charmante qui s'étend sur la rivière et sur une vaste plaine. Ses jardins ont été dessinés par le célèbre Le Nôtre. On remarque sur-tout à leur extrémité, sur les bords de la Seine, un pavillon orné de peintures de Lesueur, de glaces, de jets d'eau, et de coquillages.

Charenton.

Une ruelle étroite, celle de Léguillière, qui descend perpendiculairement à la Marne, est la seule ligne de démarcation entre Charenton-le-Pont et Charenton-Saint-Maurice. Le premier a été réuni aux villages des Carrières et de Conflans ; l'autre, bien moins grand, forme une commune séparée.

Charenton, surnommé le *Pont*, est fort ancien. Son pont existait déja du temps des Romains ; c'est du moins ce qui explique la facilité avec laquelle les troupes romaines, après avoir été repoussées du côté de la Bièvre et avoir traversé la Seine à Melun, suivirent la rive droite de ce fleuve, et vinrent de nouveau menacer les remparts de Lutèce. Ce pont cé-

lèbre, primitivement en bois, est mentionné,
dans quelques écrits du septième siècle, sous
le nom de *Pons Carantonis*. Il a toujours été
regardé comme la clef de la capitale : aussi
fut-il fréquemment attaqué, pris et rompu,
d'abord par les Normands en 865, sous Charles VII par les Anglais. En 1465, l'armée de
la Ligue s'y posta pour protéger ses opérations
contre Louis XI. Les calvinistes le prirent en
1567. Au mois d'avril 1590 il appartenait
aux ligueurs, qui occupaient en outre une tour
destinée à le défendre. Henri IV attaque le
pont ; dix jeunes Parisiens, enfermés dans la
tour, se défendent avec un courage si surna-
turel qu'ils résistent, pendant trois jours, à
toutes les forces de l'armée royale ; enfin, ac-
cablés par le nombre, ils sont contraints de se
rendre et d'abandonner le poste qu'on leur
avait confié. Henri IV, furieux d'une résistance
si opiniâtre, ordonne la destruction de la tour
à coups de canon, et fait pendre les dix malheureux, qui méritaient sans doute un tout
autre sort. Pris et repris ainsi successivement
pendant plusieurs siècles, le pont de Charen-

ton avait été rebâti plusieurs fois. Il le fut encore en 1714, tel qu'on le voit aujourd'hui. Il est assis sur dix arches, dont six en pierre, et quatre en bois. Bien qu'irrégulier, la manière dont ce pont se groupe avec les moulins, les maisons du bourg, les grands arbres des îles de la Marne, et les coteaux environnants, en fait un des points de vue les plus pittoresques des environs de Paris. Charenton-le-Pont est agréablement situé, et ses environs offrent la perspective la plus variée.

Charenton - Saint - Maurice, qui ne forme qu'une longue rue, est connu dans l'histoire par un magnifique temple nommé *le Valdone*, que les protestants de Paris y possédaient pour l'exercice de leur culte ; il pouvait contenir de quatorze à quinze mille personnes : mais, immédiatement après la révocation de l'édit de Nantes en 1685, il fut abattu et détruit de fond en comble en l'espace de cinq jours.

Un établissement d'un bien grand intérêt recommande Charenton - Saint - Maurice ; c'est l'hôpital des Fous, fondé, en 1641, par Sébastien Leblanc. Il ne contenait originairement

que douze lits ; en l'an X, il en offrait soixante :
par suite d'accroissements et de dotations considérables, il peut recevoir aujourd'hui plus
de quatre cents insensés de l'un et de l'autre
sexe. Les fous qu'on place à Charenton sont
ceux dont on attend la guérison ; ceux dont on
désespère sont envoyés à Bicêtre. Le directeur
actuel de l'établissement a imaginé d'appeler,
comme le pratiquaient les anciens, la musique
au secours de la médecine. Des bals, des concerts, des jeux scéniques, occupent, dans leurs
moments lucides, ces malheureux, qui tour-à-
tour deviennent acteurs et spectateurs des divertissements. La situation de l'hôpital favorise
d'ailleurs ce genre de traitement. Bâti sur le
penchant d'une colline, au bas de laquelle
coule la Marne, il offre de toutes parts une
vue ravissante. L'air qu'on y respire est pur,
les bosquets y sont frais, les promenades délicieuses, au milieu d'un enclos assez vaste
pour permettre aux malades de se livrer au
doux plaisir de la méditation. Une chose qui,
dans cet hospice, fixe l'attention des connais-
seurs, ce sont des caves bâties à cent pieds

au-dessous du sol du jardin. Ces caves sont composées de quatre nefs, éclairées par quatre lanternes en forme de puits : elles peuvent contenir quinze cents muids de vin.

L'église de Charenton-Saint-Maurice est petite, mais propre, élégante, et d'une construction moderne. On y remarque quelques vitraux de couleur, qui proviennent des églises et des couvents démolis à la fin du siècle dernier. Plusieurs maisons de plaisance se font remarquer par leur position. Il en est une, nommée *le Pavillon de Gabrielle d'Estrées*, d'où les points de vue se terminent de tous côtés par les hauteurs les plus éloignées ; et une autre, appelée *le Séjour du Roi*, domaine primitif du duc de Bourgogne, qui, depuis plus d'un siècle, appartient à la famille Dionis du Séjour. Le jurisconsulte Dumoulin avait une maison de campagne à Charenton.

Saint-Maur.

Situé dans une presqu'île formée par la Marne, ce village, assez considérable de nos jours, a commencé, dit-on, par n'être qu'un château-fort nommé *le vieux Château des fossés*, qui se trouvait à-la-fois protégé par la rivière et par des fossés remplis d'eau, qui, faisant communiquer la Marne avec elle-même, l'isolaient entièrement. Il ne prit le nom de *Saint-Maur* qu'en 868. Des historiens ont prétendu qu'antérieurement les Romains avaient établi dans cette contrée un camp pour contenir les Parisiens, et que de là ces vétérans ou *Bagaudes* se répandirent, sous le règne de Dioclétien, dans les Gaules pour les ravager.

D'après un antique usage qui s'est maintenu long-temps, le peuple de Paris et des environs venait en pèlerinage, le jour de la Saint-Jean, visiter, à Saint-Maur, les reliques qu'on y avait apportées de Rome et de Constantinople. C'était l'époque des assises ; tous les habitants du village étaient sous les armes. Après l'audience et l'appel des juges, le cortége allait, tambour battant, drapeau déployé, faire la procession dans l'église de l'abbaye. Ordinairement les dévots y passaient la nuit pour assister à la messe qui se célébrait à trois heures du matin. Bientôt, afin de rendre cette cérémonie plus mystérieuse, les moines imaginèrent de dire cette messe à minuit : les curieux n'en vinrent que plus en foule, et on ne saurait se faire une idée ni du spectacle bizarre que présentait alors l'église de Saint-Maur, ni des désordres qui accompagnaient cette cérémonie nocturne. En 1735, M. de Vintimille, archevêque de Paris, mit fin à tout ce scandale en ordonnant la suppression de cette messe de minuit et en défendant aux chanoines d'ouvrir leur église avant quatre heures du matin. Dès-lors ces mêmes pèlerins, qui venaient de tous les points de la France, perdirent toute leur confiance dans saint Maur, dès qu'il ne fut plus permis d'aller l'adorer pendant la nuit, au risque même d'être étouffé.

Le prince de Condé possédait, avant la Révolution, à Saint-Maur, un château magnifique
sur les bords de la Marne; il n'en reste, comme
vestiges, que la porte principale, en forme d'arc-
de-triomphe. Le grand parc n'ayant pas été
vendu, le prince en a été, en 1814, remis en
possession.

C'est à Saint-Maur que l'on vit, en France,
les premiers jeux scéniques. Les confrères de
la Passion y donnaient des représentations de
mystères. Ce genre de spectacle attirait tant de
monde de Paris, et causait tant de désordres,
que le prevôt des marchands le défendit. Cette
prohibition dura jusqu'en 1402, que Charles V,
ayant un jour assisté à l'une de ces représentations, la trouva tellement de son goût qu'il
permit aux confrères de venir jouer à Paris.
Telle est l'origine du premier théâtre de l'Europe. Elle rappelle les voitures et les tréteaux
de Thespis, qui donnèrent naissance aux théâtres de la Grèce.

L'un des plus importants ouvrages du siècle
est, sans contredit, le canal souterrain de
Saint-Maur, inauguré le 10 octobre 1825; il a

plus de six cents mètres de longueur, et passe sous une montagne assez élevée. Commençant au-dessous du pont de Saint-Maur, il aboutit à un vaste port établi un peu au-dessus de Charenton-Saint-Maurice, et fait ainsi communiquer la Marne avec elle-même. Le pont de Saint-Maur, par sa forme et son architecture, paraît dater de la fin du dix-septième siècle; il est en pierre : on a élevé, au milieu, une petite pyramide sans inscription.

C'est à Saint-Maur que Rabelais composa son *Pantagruel*; à Saint-Maur que se fabriqua, dans le dix-septième siècle, et pour la première fois, l'étoffe appelée *ras de Saint-Maur*; c'est cet endroit qu'affectionnaient mesdames Lafayette et Sévigné; c'est encore là que plusieurs moines se sont fait un nom distingué dans les lettres et les sciences. Pour tout dire enfin, entouré par la Marne, dont les rives sont si jolies, avoisiné par le bois de Vincennes, Saint-Maur est un des villages les plus intéressants des environs de Paris.

CHATEAU DE VINCENNES.

Vincennes.

Ce bourg est grand, bien bâti, bien percé. Son nom se rattache aux principaux événements de notre histoire. Dès le neuvième siècle, son bois était déja connu ; même il était primitivement bien plus vaste que de nos jours : mais plusieurs rois, notamment Louis VII, le diminuèrent à diverses époques, au moyen des cessions qu'ils en firent, soit aux églises, soit aux monastères. L'origine du château date du règne de Louis-le-Jeune. Ce prince y fit construire, en 1137, quelques cabanes en bois, comme rendez-vous de chasse ; son fils Philippe-Auguste agrandit ce rustique manoir dans la partie du bois la plus voisine de Saint-Maur. « C'étoit non loin de là, dit Joinville, que « maintes fois j'ai vu le bon roi (Louis IX) se « aller esbattre après avoir ouï messe en été, et « se séoit au pied d'un chêne, en nous faisant « asseoir auprès lui, et tous ceux qui avoient

« affaire venoient à lui parler sans que aucun
« huissier y mist empeschement. »

Jusqu'au règne de Louis XI, Vincennes fut,
à proprement parler, un château de plaisance,
que plusieurs rois habitèrent en l'agrandissant
ou lui faisant subir des changements plus ou
moins heureux. Jeanne, épouse de Philippe-
le-Bel, y mourut en 1305; Louis-le-Hutin, en
1316; Charles-le-Bel, en 1328. Philippe de
Valois, successeur de ce dernier, fit démolir
l'ancien château, jeta les fondements de celui
que nous voyons aujourd'hui; Jean, son fils,
l'éleva jusqu'au troisième étage, et Charles **V**
acheva l'ouvrage de ses pères. C'est lui, par
parenthèse, qui fonda la Sainte-Chapelle.

Vincennes était le séjour favori d'Isabeau de
Bavière, et Charles VI y tenait sa cour. Ren-
contrant un jour, dans la rue Saint-Antoine,
Bois-Bourdon, l'amant de sa femme, il le fit
arrêter et jeter, la nuit d'après, à la Seine, en-
fermé dans un sac de cuir, sur lequel on lisait :
Laissez passer la justice du roi. Isabeau vendit
aux Anglais le trône de son époux et de son
fils, son honneur, sa fille, et la France. Sous

Charles VII, Henri V, qui prétendait à la couronne de France, vint, en 1422, mourir au château de Vincennes.

Un lieu *de soulas et d'esbattement*, où nos rois étaient allés jusqu'alors se délasser des fatigues du trône et prendre les plaisirs de la chasse, devint, sous Louis XI de lugubre mémoire, un séjour d'angoisse et de douleur. Ce prince cruel avait confié la garde du château à son ancien barbier, Olivier-le-Diable : c'est alors (1472) que le donjon fut transformé en prison d'État, et que ce monarque sanguinaire commença de goûter le plaisir de loger sous le même toit que ses victimes, d'entendre leurs gémissements. Jusqu'au règne de Charles IX, ce donjon demeura inhabité : mais ce dernier, qui recherchait la solitude, logea plusieurs fois à Vincennes ; et c'est là qu'il mourut le 30 mai 1574, abandonné de sa cour et même de son confesseur. Sa nourrice reçut ses suprémes volontés et ses derniers soupirs ; son agonie fut longue et douloureuse : le sang lui sortait par les pores.

Marie de Médicis avait pris Vincennes en

affection ; elle fit ajouter aux bâtiments exis-
tants déja la magnifique galerie qui se voit
encore. Louis XIII et Louis XIV l'habitèrent
aussi à leur tour. Dès la première année de son
règne, Louis XV y résida quelques mois : depuis lors ce château cessa d'être une habitation
royale, sans avoir jamais cessé toutefois, depuis Louis XI, de servir de prison d'État. C'est
en 1784, sous l'infortuné Louis XVI, que cette
forteresse, devenue à-peu-près inutile, s'ouvrit
enfin pour devenir accessible à tout le monde :
un si heureux état de choses dura peu ; bientôt, et jusqu'en 1794, Vincennes redevint un
lieu de réclusion, mais cette fois pour des
femmes de mauvaise vie.

Avant son élévation à l'empire, Napoléon
avait déja rétabli les prisons d'état, détruites
depuis trente ans. Vincennes servit donc à
renfermer une foule d'individus que sa poli-
tique soupçonneuse lui faisait regarder comme
dangereux. C'est dans les fossés de Vincennes,
le 21 mars 1804, que le duc d'Enghien fut mis
à mort de la manière la plus déplorable. Son
corps avait été enterré sur le lieu même de

d'exécution; le 20 mars 1816, des fouilles ayant été ordonnées en cet endroit, on fut assez heureux pour retrouver divers débris de l'auguste victime, qui, recueillis alors avec un soin religieux, ont été déposés dans une salle basse du pavillon qui fait face au bois. La chambre dans laquelle se trouve le cénotaphe, est toute tendue de noir. On y voit dressé, dans l'embrasure d'une fenêtre, un petit autel, où, tous les jours à onze heures, un prêtre vient dire la messe. Deux cierges et une lampe éclairent nuit et jour cette espèce d'antre sépulcral. Un factionnaire y monte la garde tous les jours, depuis six heures du matin jusqu'à six heures du soir.

La forme du château de Vincennes est un parallélogramme régulier d'une grandeur considérable, autour duquel sont neuf tours carrées, distribuées avec art; celle dite *le Donjon* est la plus élevée et la plus célèbre. Des fossés profonds, revêtus en pierre, entouraient l'ensemble de l'édifice, dans lequel on ne pouvait entrer que par un seul pont-levis. Autrefois remplis d'eau, ces fossés sont maintenant à sec. La principale entrée du château est du côté du parc. Elle consiste en une porte dont la face extérieure a conservé à-peu-près sa construction première. Bâtie en arc-de-triomphe, elle se compose de six colonnes doriques, ornées de deux bas-reliefs de marbre et de figures antiques. La première cour est dite *la Cour royale*. A droite et à gauche sont les deux grands bâtiments modernes, dont le dernier fut achevé par Louis XIV, et le premier construit par la mère de Louis XIII. Le bâtiment de gauche renfermait les appartements du roi et de la reine; celui de droite, ceux de la reine-mère. Tous ces appartements avaient été ornés, sous Louis XIV, avec la plus grande magnificence.

De la cour royale on passe à une autre cour. A droite est la Sainte-Chapelle, à gauche le fameux donjon. Construit par Charles V, il est entouré de fossés particuliers, profonds d'environ quarante pieds, et revêtus de pierre de taille. Ce revêtement est à pic, et vers le haut il règne une espèce de talus qui saille tellement en dedans qu'il est impossible de le franchir sans intelligence au dehors. Le haut des fossés est fortifié d'une galerie ouverte, bordée de meurtrières. L'on arrive dans cette forteresse par deux ponts-levis : un petit pour les gens de pied, un grand pour les voitures. Puis on passe trois portes; celle qui communique au château ne peut s'ouvrir ni en dedans sans secours du dehors, ni en dehors sans secours du dedans. Après avoir passé les trois portes, on trouve une tour au milieu de laquelle est le donjon; trois portes en ferment encore l'entrée. La forme du donjon est carrée; il a quatre tours à ses angles, et est divisé en cinq étages, auxquels on monte par un escalier en voûte, dont la hardiesse est étonnante. Chacun des étages, entièrement voûté, est composé d'une grande salle carrée, soutenue au milieu par un énorme pilier, et dans laquelle se trouve une immense cheminée. A chacun des quatre coins de cette salle, est une prison de treize pieds carrés. A la hauteur du troisième étage est une galerie extérieure en saillie, qui règne autour du bâtiment. Le comble du donjon forme une terrasse cintrée, dont la

coupe des pierres, qui la composent, est très
curieuse. De cette position, l'on jouit, à cause
de la grande élévation du donjon, de la vue la
plus magnifique. A l'un des angles de cette
terrasse s'élève, à une hauteur considérable,
une guérite en pierre d'une grande délicatesse.
Cette forteresse a été si solidement bâtie, qu'elle
ne porte pas encore la moindre marque de vé-
tusté.

La salle du premier étage s'appelait *chambre
de la question*. En 1790, on y voyait encore
des siéges de pierre, destinés à placer les mal-
heureuses victimes ; des anneaux de fer, scellés
dans les murs, et qui servaient à assujettir
leurs membres au moment du supplice, entouraient ces siéges de douleur. Dans ces cachots privés d'air et de lumière, il y avait des
lits de charpente, sur lesquels on enchaînait
ceux à qui l'on permettait quelques instants
de repos. La salle du dernier étage s'appelait
salle du conseil, parceque les rois de France y
tenaient leur conseil dans le temps qu'ils habitaient le donjon. La pièce commune était
fermée par une porte très épaisse ; chaque

cachot l'était par trois autres portes ; chaque porte était doublée de fer, et garnie de deux serrures et de trois verroux. Ces portes étaient placées en sens contraires : ainsi, s'ouvrant en travers l'une de l'autre, la première barrait la seconde, et la seconde barrait la troisième. Telle était la fermeture de ces prisons, dont les murs ont seize pieds d'épaisseur, et les voûtes plus de trente pieds de hauteur. Ces prisons sont faiblement éclairées, et le jour n'y parvient qu'après avoir traversé trois grilles de fer, dont les barreaux de la première masquent les vides de la seconde, et les barreaux de la seconde masquent ceux de la troisième.

Les huit autres tours carrées servent aussi de prison. Celle appelée *la Tour de la surinten-dance* contient quatre cachots de cinq à six pieds carrés, où les lits sont en pierre, et un grand caveau, où l'on ne peut descendre que par un trou pratiqué dans la voûte, ce qui fait de cette prison un tombeau véritable. Que de gémissements, que de sanglots ont été poussés dans ces tombeaux construits par des hommes pour tourmenter leurs semblables ! quel sort

11.

que celui des malheureux condamnés à mourir dans ces affreuses demeures, souvent, hélas! pour des crimes imaginaires!

La Sainte-Chapelle, bâtie par Charles V, est dans la seconde cour à droite. Elle est d'un beau gothique; et l'extérieur offre toute la magnificence de ce genre d'architecture. L'intérieur, très simple, n'est remarquable que par ses vitraux anciens, peints par Jean Cousin, sur les dessins de Raphaël. La plupart de ces vitraux précieux ont été détruits; il n'en reste plus que sept.

Parmi les personnages que le malheur fit plonger dans les cachots de Vincennes, on cite, au temps de la Fronde, le duc de Beaufort et le prince de Condé; sous Louis XIII et Louis XIV, le maréchal Ornano, le duc de Vendôme, le duc de Puy-Laurent; plus récemment, Mirabeau, et le créateur de l'*Encyclopédie*, Diderot. Jean-Jacques se rendait à pied de la rue Plâtrière à Vincennes; et, dès qu'il avait aperçu son ami à travers les barreaux, il reprenait le chemin de Paris, puis se reposait près d'un arbre à la barirère. Sous le règne impérial, le nombre des victimes fut incalculable.

Le bois de Vincennes, qui n'a pas moins de deux mille arpents d'étendue, est l'une des promenades qui font, comme les bois de Boulogne et de Romainville, les délices des habitants de la capitale. On voit, dans l'intérieur, une jolie maison de campagne, dite *des Minimes*. La fête communale, qui a lieu, chaque année, le 15 août, à l'entrée du bois, est l'une des plus renommées des environs de Paris ; elle attire une foule considérable de curieux.

Saint-Mandé.

Ce petit village, qui ne forme plus, de nos jours, qu'une seule rue, était jadis plus considérable : les maisons qui en dépendaient, se trouvant éparses, s'étendaient dans le bois de Vincennes ; or, puisque ce bois fut, à plusieurs époques, agrandi et clos pour servir aux plaisirs de nos rois, Saint-Mandé dut né-

cessairement être rétréci dans la même proportion. Quoi qu'il en soit, comme ce village
se compose presque entièrement de maisons
de campagne élégantes et bien bâties, sur la
plupart desquelles même on remarque des pa-
ratonnerres, il respire un air d'aisance et de
gaieté qui le fait visiter avec infiniment de
plaisir.

On ignore le nom primitif et l'origine de
Saint-Mandé : mais ce lieu peut passer pour
fort ancien, puisque des religieux bas-bretons
y portèrent, dans le neuvième siècle, les reliques du saint qui a donné son nom à ce village ;
et plus tard une chapelle fut érigée en son
honneur.

Le malheureux Fouquet, surintendant des
finances, avait, dans le temps de sa grandeur,
une superbe maison à Saint-Mandé, où, parmi
d'autres raretés, il conservait des momies
d'Égypte. La famille d'Estrées habitait aussi
Saint-Mandé. L'une des maisons de l'endroit,
nommée jadis *la Capitainerie*, renfermait, sous
le règne de Charles V, un certain nombre
d'animaux féroces que l'on faisait combattre.

On y voit encore des vestiges de galeries où ce prince, avec sa cour, venait jouir de cet affreux spectacle.

Nogent.

Situé sur la crête d'une colline, Nogent possède devant lui une perspective charmante. D'un côté, l'œil parcourt une plaine immense couverte des plus riches productions de l'agriculture. La Marne arrose et partage cette belle plaine jusqu'à Saint-Maur, qu'elle entoure de sa large ceinture. De l'autre côté, vous voyez dans le lointain Paris, et plus près la plaine de Vincennes, au milieu de laquelle le château paraît être dans le creux d'un vallon. Ce village, que sa position, son air pur, et la beauté de son paysage, font rechercher des Parisiens, est presque en entier composé de maisons de campagne ; la plus jolie d'entre elles est celle que fit construire M. Lefebvre, intendant des

Menus-plaisirs, au commencement du siècle dernier.

Antoine Watteau, peintre célèbre, venait souvent dans cette maison ; il y mourut en 1721. Cet artiste, dont les ouvrages respirent la gaieté, était cependant rongé d'une mélancolie profonde. Il s'était lié particulièrement avec le curé de Nogent, qui était aussi jovial qu'il l'était peu lui-même. Cette figure riante, assez épaisse, avait frappé Watteau ; et, quand il avait à représenter, dans ses tableaux, le personnage de Gilles, il prenait d'ordinaire pour modèle le curé de Nogent. Ce prêtre assistant Watteau à ses derniers moments, celui-ci crut devoir lui demander pardon d'avoir ainsi abusé de sa figure. Le bon curé l'excusa de bon cœur ; puis, selon l'usage, lui présenta un crucifix à baiser : mais l'image du Fils de Dieu était sans doute si mal exécutée, que Watteau, se ranimant à la vue de cette grossière sculpture, s'écria : « Otez-moi ce crucifix ! comment un artiste a-t-il pu rendre si mal les traits d'un Dieu ? » C'était mourir tout à-la-fois en peintre, en chrétien.

Nogent remonte à des temps fort anciens. Chilpéric avait, en 581, dans ce village, une maison de campagne où il conservait avec soin un grand nombre d'objets rares et précieux que lui avait envoyés l'empereur d'Orient, Tibère.

Fontenay-sous-Bois.

Ce village doit son nom tant aux fontaines d'eau vive de ses environs qu'à sa proximité du bois de Vincennes. Jadis il devint célèbre par le château de *Beauté*, qu'y avait fait bâtir Charles VII pour sa tendre Agnès Sorel ; il ne reste plus aujourd'hui que le souvenir de ce joli manoir. Les eaux de Fontenay sont conduites, par un aqueduc, au château de Vincennes ; elles servaient, il y a deux siècles, à remplir ses fossés.

Fontenay se trouve sur la pente d'un coteau ; des vignes l'entourent : son église, sous l'invocation de saint Germain, remonte tout au plus au règne de François Ier ou de Henri II ; elle est fort jolie, et n'a, pour ainsi dire, rien de gothique dans son architecture. C'est là que repose le célèbre Daleyrac.

Le territoire de Fontenay n'est séparé de celui de Saint-Maur que par la rue Beaubourg, qui conduit au bord de la Marne ; le bois de Vincennes lui est de même contigu. Il existait, dans cette partie du bois, avant la Révolution, un couvent de *Minimes*, d'abord occupé par des religieux connus sous le nom de *Bons-Hommes*. Lorsqu'ils habitaient le château de Vincennes, les rois de France venaient quelquefois faire leurs dévotions dans ce couvent, qu'on a démoli dans ces derniers temps, à l'exception des bâtimens qui servaient de pied à terre à ces illustres pèlerins. M. Froissard a fait une retraite charmante de ce lieu solitaire et sombre.

Montreuil.

Certain chevalier de Saint-Louis, du nom de Girardot, avait dissipé sa fortune au service. Pour la réparer, il inventa une nouvelle manière de faire mûrir les fruits par une concentration de chaleur. Il ne possédait plus alors, pour tout bien, à Bagnolet, que trois arpents et demi de terrain; il divisa cet espace, fit construire des murs et des contre-murs à dix-huit pieds de distance les uns des autres, et obtint ainsi une grande quantité d'excellentes pêches.

Cette méthode, pratiquée depuis et perfectionnée à Montreuil, a fait la renommée et la richesse des cultivateurs de cet immense village, qui ne compte guère moins de quatre mille habitants. Les fruits de Montreuil sont les plus estimés de la France, peut-être même de l'Europe; aussi se vendent-ils à un prix si élevé, qu'ils sont devenus une source intarissable de revenus pour les jardiniers et les propriétaires de cette commune.

Si vous arrivez, en allant à Montreuil, vers une petite hauteur qui domine ce village, votre œil étonné contemplera, non sans ravissement, des milliers de murs et de contre-murs tapissés de grands arbres en espalier, tellement multipliés par parenthèse que non seulement les murailles des maisons, mais leurs toits même en sont garnis. Il est tel de ces arbres qui garnit seul des pans de muraille de quarante pieds de large sur presque autant de hauteur ; le propriétaire de ces espaliers précieux n'en abandonnerait pas le produit pour cent écus par an. Mais, si l'aspect de Montreuil est séduisant en été, c'est, en revanche, un triste spectacle en hiver que la vue de ces murailles nues et dépouillées des fruits et des feuilles qui les embellissaient ; elle fatigue l'œil, attriste l'ame.

CIMETIÈRE DU PÈRE LACHAISE.

Cimetière du P. Lachaise.

—

On compte, à l'entour de Paris, trois cimetières : à l'ouest, celui de Vaugirard ; au nord, celui de Montmartre, dit *Champ du repos* ; à l'est, celui du Père Lachaise. Avant leur fondation, chaque paroisse avait, pour ainsi dire, son cimetière. Des églises renfermaient en outre une multitude de caveaux souterrains, dans lesquels le clergé et la classe opulente de la société se faisaient inhumer. Cet ordre de choses, consacré par l'orgueil et la superstition, présentait de graves inconvénients. Les charniers, placés le plus souvent dans les endroits populeux de la ville, exhalaient, au milieu des vivants, les miasmes pestilentiels de la mort.

Le gouvernement paternel de Louis XVI fit ouvrir les vastes *catacombes*, où furent déposés les ossements de vingt générations. Deux ans après, c'est-à-dire en 1790, l'Assemblée

Nationale décréta que les villes et villages de France se créeraient des cimetières hors d'enceinte. Ce décret serait un bienfait, s'il n'eût, en 1793, servi de prétexte à la spoliation sacrilège des tombeaux. C'est depuis cette époque que Paris est entouré de cimetières.

Celui du Père-Lachaise, un des derniers consacrés, est le plus vaste et le plus sain de tous : il s'élève sur une colline d'où l'œil découvre, à l'ouest, Ménil-Montant, Belleville, Montmartre, le point de vue imposant de la capitale, de même que Bicêtre et Meudon ; à l'est, les champs arrosés par la Seine et la Marne, les campagnes de Saint-Mandé, Vincennes, et Montreuil. Enfin les bruyantes guinguettes qui l'environnent, les arbres fruitiers qu'on y a laissés, tout amène la distraction et l'indifférence là où l'on ne devrait voir que la piété et la douleur.

Détournez vos pas : le luxe des tombeaux va bientôt vous fournir d'autres sujets de réflexions. Là, c'est un boucher qui fit représenter sur sa tombe l'amas pompeux et bizarre des attributs de sa profession ; ici, c'est une épid'une riante colline avec tant d'intelligence que, de tous les pavillons et carrés de verdure, on jouit tour-à-tour des points de vue de Suresne, Longchamp, Saint-Cloud, Meudon, du Mont-Valérien, du pont de Neuilly, et de Puteaux, le village des roses. Jamais dans un si petit espace on n'avait su réunir, avec tant d'art, une si grande superfluité de petits monuments, d'ermitages, de grottes, de ponts, de kiosques, de pavillons indiens ou chinois.

L'habitation vraiment délicieuse de Bagatelle appartient, de nos jours, à madame la duchesse de Berry.

Madrid.

Non loin de Bagatelle se voyait autrefois le château construit par François Ier, et du nom de Madrid, en commémoration peut-être de la captivité de ce prince en Espagne, ou par allusion à ce que François Ier, dans ses fréquentes retraites au château de Boulogne,

était presque aussi inaccessible pour ses cour-
tisans que durant sa captivité en Espagne.

Ce château était vaste, bien situé, et construit, dit-on, sur le modèle du palais de
l'Escurial ; on prétend qu'il avait trois cent
soixante-cinq fenêtres. C'était un grand corps
de bâtiment élevé de trois étages au-dessus du
rez-de-chaussée ; tout autour, et jusqu'à la hauteur du premier, régnait une galerie formée
par des arcades soutenues sur des colonnes
couplées. Ces arcades avaient un ornement
assez singulier : c'était une espèce de faïence,
qui jetait un vif éclat lorsqu'elle était frappée
par les rayons du soleil. Ce principal bâtiment
se trouvait flanqué de plusieurs pavillons et
de quelques tourelles ; il était en outre entouré d'un fossé rempli d'eau. Non seulement
François Ier se plaisait beaucoup à Madrid,
mais Charles IX, de lugubre mémoire, y logea
souvent ; plusieurs de ses édits sont même
datés de cette résidence. Henri IV donna ce
château à la reine Marguerite.

Entièrement détruit à l'époque de la Révolution, Madrid n'offre plus sur son emplace-

VUE PRISE DU PONT DE NEUILLY.

ment qu'une jolie maison de campagne nommée *Madrid-Maurepas*, qui appartenait, en 1817, à M. Aug. Doumerc, et depuis à M. le duc Decazes.

Neuilly.

—

Neuilly, gros village situé au bout de l'avenue des Champs-Élysées, s'étend le long de la route de Nanterre, sur un assez grand espace de terrain. Il est bâti dans le genre moderne, et renferme plusieurs maisons de campagne charmantes, au nombre desquelles celles de *Sainte-James* et *Sainte-Foye*. Celle-ci, peu distante du pont et bâtie par M. d'Argenson en 1755, se fait remarquer par l'élégante simplicité de son architecture. Elle est élevée sur plusieurs terrasses qui s'abaissent graduellement, en amphithéâtre, jusque sur la route qui suit le bord de l'eau. De ces terrasses, on jouit d'un point de vue magnifique sur le bois de Boulogne et sur les campagnes d'alentour. La maison de Sainte-James, bien que dévastée en 1815, passe encore pour un séjour des plus agréables. Ses jardins anglais jouissaient d'une grande réputation avant l'invasion des alliés.

Sur le pont de Neuilly, on découvre toutes les beautés des environs. Des parcs, des jardins, des îles riantes, là tout est digne de la Seine qui baigne ces lieux enchanteurs. Si l'on veut avancer sur Nanterre par un sentier appelé, je crois, *le Chant-du-Coq*, on trouve bientôt, dans un joli vallon, des champs de rosiers ; puis un petit bois, au milieu duquel se déploie une pièce d'eau bordée de peupliers et de saules. Plusieurs habitants de Paris, attirés par la beauté du site, viennent faire des dîners champêtres sur l'herbe, tantôt sous le feuillage du bois, tantôt sur le bord de l'eau ; par-tout on y respire le parfum des roses.

Le pont de Neuilly, auquel le village de ce nom doit son accroissement, fut construit en pierre sous le règne de Louis XV. Avant Henri IV, la Seine s'y passait en bac. Un jour ce monarque revenait de Saint-Germain, accompagné de la reine, de la princesse de Conti, des ducs de Vendôme et de Montpensier : deux de ses chevaux tombèrent dans la rivière, et entraînèrent son carrosse. Les seigneurs de sa cour se jetèrent aussitôt à l'eau tout armés, tout habillés, et sauvèrent ainsi le roi, qui, à son tour, les aida à retirer la reine et le duc de Vendôme. Depuis cet accident, qui eut lieu en 1606, Henri IV fit jeter sur la Seine un pont de bois, qui dura trente-cinq ans. Dans la suite, il fut réédifié : mais son peu de solidité, la fréquentation de cette route, demandaient un pont de pierre. Louis XV chargea de ce soin M. Peyronnet. Ce pont est un chef-d'œuvre de hardiesse, d'élégance, et de solidité. Ce fut le premier pont bâti en France, sans courbure au milieu. Il a servi de modèle à quelques uns de nos ponts les plus beaux.

Le château de Neuilly, propriété de son altesse le duc d'Orléans, est l'une des curiosités les plus remarquables de Neuilly : c'est un séjour enchanteur.

Puteaux.

Dans la plaine qui s'étend entre Suresne et Courbevoie, vous trouvez Puteaux, village d'un aspect agréable ; ce n'était primitivement qu'un hameau dépendant de la commune de Suresne. Les habitants s'y trouvaient tenus d'offrir, à cette paroisse, un cierge éteint à la Toussaint, à Noël, et un cierge allumé, à la Chandeleur ; ils furent excommuniés pour n'avoir pas rempli cette formalité. On attribue au mot latin *puteoli*, petits puits, l'origine du nom de ce village ; on aura, dit-on, creusé dans cet endroit quelques puits profonds, ou bien il s'en sera trouvé quelques uns de naturels occasionés par des éboulements ou par des eaux ascendantes. Cette origine est, comme beaucoup d'autres, tant soit peu suspecte.

Plusieurs personnages éminents, au nombre desquels le duc de Grammont et la duchesse de Guiche, ont eu des maisons de campagne à Puteaux. La chronique a consacré le souvenir de la fête brillante qu'y offrit cette dernière, le 3 septembre 1700, à madame la Dauphine. Parmi les particularités de cette fête, on cite certaine pièce de comédie représentée par des villageoises de Puteaux et de Suresne, qu'on avait préliminairement affublées de robes à queue, de vastes manteaux de velours brodés en or, et dont la gaucherie divertit beaucoup les dames de la cour.

Vis-à-vis du village, dans une île plantée de peupliers, que forme la Seine, existe une jolie maison du nom de *Favintine*, célèbre, vers la fin du dix-septième siècle, par les fêtes somptueuses qu'y donnait un correcteur des comptes, du nom de Bourges : on trouvait en effet là réunis tous les divertissements qu'on peut prendre sur l'eau.

Je passerai sous silence et les vignes, et les marais, et les champs fertiles de Puteaux, pour insister sur la grande quantité de rosiers qu'on y rencontre. Leurs fleurs, distillées en abondance à Paris, servent à composer cette essence de rose double et triple, qui nous vient ainsi *directement* du sérail de Constantinople.

Suresne.

—

Il est peu de villages des environs de Paris qui éveillent des idées plus aimables que Suresne. Sa situation pittoresque au pied du Mont-Valérien, sur la rive gauche de la Seine ; l'aspect de plusieurs maisons charmantes qui l'embellissent, suffiraient seuls pour exciter l'intérêt du voyageur, si un souvenir plus touchant encore ne l'attachait à ce joli village.

C'est là que, sur la fin du dernier siècle, un digne homme, du nom d'Héliot, fonda le couronnement d'une rosière qui, depuis lors, a lieu, de fait, tous les ans, avec un appareil extraordinaire. Chaque année, le jour de l'Assomption, à l'issue des Vêpres, le curé du village désigne les trois jeunes filles, de plus de dix-huit ans, qui se sont fait remarquer par la conduite la plus exemplaire. Les marguilliers et notables du pays choisissent ensuite, parmi les trois candidats, et par voix de scrutin. La jeune fille qui a réuni le plus grand nombre de suffrages est nommée Rosière ; elle obtient donc une couronne de roses blanches et une dot de 300 francs. Cette récompense est décernée toujours avec impartialité. En 1788, madame la comtesse d'Artois plaça elle-même la couronne sur le front virginal de la jeune rosière. Pourquoi toutes les communes de France ne sont-elles pas assez riches pour imiter Suresne et Salency ?

Le vin de Suresne, dont la réputation est, de nos jours, si détestable, que des étymologistes ont pensé que le nom de l'endroit provenait de la qualité *sûre* du vin qu'on y récolte ; ce vin, dis-je, jouissait cependant jadis de la plus haute célébrité : il fut d'abord réservé pour la table des souverains, quand Suresne appartenait aux rois de France ; on l'envoyait alors en présent dans les cours étrangères, comme on donne aujourd'hui le vin de Tokai. On allait même jusqu'à lui attribuer certaine qualité pour la guérison de tous les maux. *Quantùm mutatus ab illo !*

Mont-Valérien.

Lorsqu'on se rend à Nanterre par la route de Neuilly, on laisse à gauche une colline ; c'est le Mont-Valérien. Ce nom vient, dit-on, de Valérien, père de l'empereur Gallien ; il aurait été donné à cette montagne à l'époque où les Romains occupaient les Gaules. Plusieurs communautés d'ermites et de moines se sont succédé au Mont-Valérien, jusqu'à la Révolution. Les premiers avaient érigé, sur le sommet de leur montagne, trois grandes croix qui se voyaient de fort loin. Placées à quelque distance l'une de l'autre, et sur un lieu aussi élevé, elles rappelaient la montagne du Calvaire où Jésus-Christ fut crucifié entre le bon et le mauvais larron. Cette idée frappa l'imagination d'un certain Chabert, charpentier, qui, sous Louis XIII, et protégé de Richelieu, bâtit en ce lieu une église de la Sainte-Croix, ainsi qu'un couvent pour loger les ermites destinés

à la desservir. Les prêtres du Calvaire, pour attirer davantage les fidèles, avaient construit, derrière le grand autel de leur église, une représentation du sépulcre de Jésus-Christ, orné de statues de grandeur naturelle. La montagne étant fort escarpée, ils avaient fait ériger de distance en distance, de chaque côté du chemin, des chapelles qui servaient comme de reposoirs aux pèlerins, et représentaient les diverses stations de la Passion. Les Parisiens et les habitants des villages voisins se rendaient en pèlerinage au Calvaire pendant toute la Semaine Sainte, notamment dans la nuit du jeudi au vendredi. Mais ces voyages nocturnes amenèrent beaucoup de désordres; aussi, le 27 mars 1697, l'archevêque de Paris défendit-il aux prêtres de la croix d'ouvrir dorénavant leurs chapelles et leur église dans la nuit du jeudi au vendredi saint.

Détruit pendant la Révolution, rétabli sous l'empire, puis redétruit de nouveau par suite de l'ombrage que causaient à Bonaparte les ecclésiastiques qui résidaient en cet endroit, le Mont-Valérien sortit, il y a quelques années, de ses ruines. Rendue à sa destination première, cette montagne, du sommet de laquelle on jouit d'une vue imposante et magnifique, a repris le nom de Calvaire; elle continue aujourd'hui à être visitée par les personnes pieuses, sur-tout à l'époque de la Semaine Sainte.

Nanterre.

Ce bourg, l'un des plus anciens de France, était originairement fermé de murailles et de portes; on en voit aujourd'hui des vestiges: mais elles ont été pour la plupart remplacées, depuis la Révolution, par des promenades garnies d'arbres. Un étymologiste a pensé que le nom de Nanterre venait des mots *Néant-Terre*, sans terre, soit parceque la Seine aurait jadis entouré ce village, soit parceque tout le territoire de cette commune est formé de sables, et qu'on n'y trouve presque pas de véritable terre.

C'est au commencement du cinquième siècle que naquit à Nanterre, cette jeune fille que l'Église honore sous le nom de sainte Geneviève ou *Vierge de Nanterre*. Son père était, dit-on, un seigneur fort riche, du nom de Sévère, dont elle gardait habituellement les moutons sur les bords de la Seine. Saint Germain, passant par Nanterre pour se rendre en Angleterre, distingua Geneviève parmi toutes ses compagnes; ayant reconnu les heureuses dispositions de la jeune fille, il l'engagea à renoncer au monde, à embrasser la vie religieuse, et reçut ses vœux. Pour l'affermir même dans sa pieuse résolution, le saint détacha de son cou les ornements d'or qu'elle portait suspendus, et les remplaça par une grosse pièce de cuivre sur laquelle une croix était représentée. Depuis ce moment, la vie de Geneviève fut toute consacrée à la prière, à la vertu; et, après sa mort, arrivée en 512, le lieu de sa sépulture fut marqué par un si grand nombre de miracles qu'on y éleva une chapelle où, jusqu'à la fin du siècle dernier, on vit constamment accourir une foule de pèlerins qui s'y rendaient des pays les plus éloignés. Sous le règne de Clovis, la ville de Paris se mit sous la protection de la bergère de Nanterre, et la choisit pour sa patrone.

Nanterre a deux églises. La première sous l'invocation de saint Maurice, existait déjà au temps où sainte Geneviève fit vœu de virginité. Rebâtie à plusieurs reprises et fort laide, elle n'a de remarquable que son antiquité. La seconde est celle de sainte Geneviève. Fondée vers le onzième siècle, elle se trouve être maintenant plus ancienne que l'autre; car elle n'a point été reconstruite depuis le treizième siècle. On assure qu'elle occupe l'emplacement où se trouvait jadis le palais de Sévère et de Géronie, père et mère de Geneviève.

La Malmaison.

Ce château, naguère l'un des plus renommés des environs de Paris, n'était encore, en 1244, qu'une simple grange. Alors on l'appe-

CHATEAU DE LA MALMAISON.

lait *Mala Domus*, comme un des lieux où débarquèrent les Normands au neuvième siècle : en effet, les habitants donnaient des noms de malédiction à tous les endroits qui les reçurent les premiers.

Après n'avoir été long-temps qu'une habitation obscure, la Malmaison devint une agréable maison de plaisance. Vendue, comme bien national, en 1792, au banquier Lecoulteux-Canteleu, elle fut, en 1793, cédée pour un prix modique à Joséphine Tascher de La Pagerie, qui devait depuis atteindre à de si hautes destinées. Les goûts simples et purs de cette princesse l'engagèrent à faire embellir cette retraite, qui, sous ses yeux, devint bientôt un véritable Éden, un vrai musée ; car les savants qu'elle encourageait de ses bienfaits, s'empressaient à l'envi de lui envoyer, des quatre parties du Monde, les objets les plus rares et les plus dignes de fixer sa curiosité.

Par les soins de Joséphine, un jardin botanique, une ménagerie, une école d'agriculture, furent établis à la Malmaison. Le jardin contenait, soit en plein air, soit en serres chaudes, toutes les plantes les plus rares que l'art et la patience de l'homme ont pu faire végéter dans nos climats. La ménagerie renfermait tous les animaux terrestres, aquatiques, aériens, qui peuvent vivre dans notre hémisphère ; enfin l'école d'agriculture, établie sur le plan de celle de Rambouillet, était consacrée à d'utiles expériences.

C'est dans la charmante habitation de la Malmaison, qui faisait les plus chères délices de Joséphine durant le cours de sa grandeur, et sa plus douce consolation dans sa disgrace, que cette bienfaitrice des infortunés et des pauvres mourut le 30 mai 1814. Le 26, l'empereur de Russie, qui s'était déja fait un devoir de lui rendre plusieurs visites, dînait à la Malmaison. Après le dîner, Alexandre desire se promener dans le jardin ; il faisait froid ; Joséphine, qui était enrhumée, s'obstine à vouloir l'accompagner ; elle reste long-temps à lui montrer toutes les curiosités de son habitation. Le soir, elle se trouva plus mal ; le froid l'avait saisie. Trois jours après, elle n'était plus.

Ravagée en 1815, par les Prussiens et les

Anglais, la Malmaison n'est plus aujourd'hui qu'une vaste solitude dépouillée de tous les monuments des arts que quinze ans de soins y avaient rassemblés. Ce que ces Vandales n'ont pas détruit des chefs-d'œuvre des Canova, des Cartellier, des Lemot, des Vernet, des Taunay, a été enlevé par les Russes. Aujourd'hui l'intérieur du palais est nu, le parc désert. Le voyageur qui les parcourt en silence, ne trouve plus là que des souvenirs.

Marly.

Ce bourg est connu, dès 676, par deux chartres de Thierry Ier, et célèbre par le palais qu'y fit élever Louis XIV, dix siècles plus tard. Ce château royal était, par sa magnificence, digne de rivaliser avec celui de Versailles ; tous les arts avaient été appelés pour embellir cette demeure qu'accompagnaient douze élégants pavillons, symbole des douze palais du soleil que ce monarque avait pris pour emblème. La

14

beauté de l'architecture, l'ensemble des ornements, la multitude des statues, les brillants
effets d'eau qui enrichissaient ce séjour en-
chanté, semblaient justifier la description pompeuse qu'en fait notre Virgile français en vers
harmonieux. Tel était Marly que chanta Delille,
Marly créé, embelli par le plus grand des
rois... Maintenant il n'offre plus que des ruines,
que l'aspect d'un affreux désert. La charrue se
promène sur le sol occupé jadis par les douze
palais de Louis XIV. L'humble épi doré a remplacé ces chênes superbes dont l'ombrage cou-
vrait le palais des rois.

L'aqueduc de Marly, ouvrage admirable par
sa construction simple, solide, et majestueuse,
se compose de trente-six arcades. Sa longueur
est de trois cents toises. Aux deux extrémités
sont deux châteaux-d'eau. La machine de Marly
élève l'eau de la Seine à la hauteur de soixante
pieds. Cette machine, long-temps considérée
comme un prodige de l'art, a été remplacée
par une nouvelle plus simple. Deux roues y
font le service des quatorze roues de l'ancienne ; elles fournissent une plus grande

quantité d'eau. L'ancienne machine avait été inventée et exécutée par Rennequin-Sualem, qui ne savait pas lire ; la nouvelle est l'ouvrage de M. Martin, ingénieur.

On trouve à Marly, au milieu de plusieurs côteaux bien cultivés, un assez grand nombre de maisons de plaisance, toutes remarquables par leur charmante position et le délicieux paysage qui les environne.

Saint-Germain.

Cette ville doit son origine à Robert, qui, vers l'an 1010, fonda dans la forêt de Laye un monastère en l'honneur de saint Germain l'Auxerrois. Henri Ier confirma les priviléges que son père avait accordés à cette abbaye. Les habitants des contrées environnantes y vinrent en foule pour entendre la parole de Dieu, charmés d'ailleurs des agréments du pays. Un siècle à peine écoulé, Saint-Germain commençait à devenir remarquable. Louis VI fit jeter les premiers fondements du château, qui d'abord n'était qu'une forteresse flanquée de tours. En 1346, le prince de Galles y mit le feu; rebâti par Charles V, il retomba en 1419 au pouvoir des Anglais. Plus récemment, François Ier le fit réparer et surmonter de cette plate-forme, d'où l'œil étonné découvre un horizon si magnifique.

Saint-Germain était le séjour favori de Marie de Médicis. Henri IV s'y rendait aussi fréquemment pour visiter la belle Gabrielle; il avait fait même pratiquer dans le château-vieux un escalier dérobé qui conduisait à l'appartement de sa maîtresse. Louis XIII, qui naquit à Saint-Germain, prit plaisir à décorer le château, témoin des jeux de son enfance. Ce fut de même le berceau de Louis XIV. Après la mort de sa mère, ce monarque fixa sa résidence à Saint-Germain. Il fit alors dessiner ce vaste parterre qu'on a transformé depuis en tapis de verdure, planter ces arbres majestueux qui forment encore aujourd'hui une promenade délicieuse, élever cette terrasse magnifique qui n'a pas sa pareille en Europe.

Depuis encore il fonda l'hôpital, rebâtit la paroisse. Mais ce monarque ne devait pas jouir long-temps des charmes de ce séjour: il abandonna subitement Saint-Germain pour Versailles. On prétend que l'aspect des clochers de Saint-Denis lui faisait toujours involontairement envisager le terme de sa gloire. Il donna le château de Saint-Germain à madame de La Vallière, pour l'éloigner de sa personne. Ce château fut ensuite l'asile et le tombeau de Jacques II. Dans les premières années de son règne, Louis XVI chassait souvent à Saint-Germain; mais rárement il s'arrêtait au château.

Les rues de Saint-Germain sont belles, ses maisons agréables; mais cette ville est triste et déserte. On y remarque plusieurs beaux hôtels, notamment celui de Noailles, qui passa, grace aux bienfaits de la Révolution, des mains d'un maréchal de France, en celles d'un bonnetier nommé Bézuchet. C'est à Saint-Germain que sont morts le maréchal de Beauveau, le célèbre Ramsay, et l'aimable comte Hamilton.

La forét de Saint-Germain, qui n'a guère

14.

moins de cinq mille six cents arpents, est coupée de routes magnifiques ou de sentiers commodes, à l'angle desquels sont placés, de distance en distance, des poteaux pour désigner les
routes qui leur correspondent. On ne voit pas
sans effroi, dans une solitude aussi imposante,
des croix de pierre élevées en mémoire de certains événements soi-disant mémorables. Au
centre de cette forét se trouvent les Loges, joli
château, célèbre par la foire qui s'y tient régu-
lièrement, chaque année, le premier dimanche
de septembre, sur la place du Pavillon. Les
Loges étaient jadis un prieuré. En 1624, un
ermite du nom de frère René s'y vint fixer.
Après sa mort, plusieurs religieux s'y réunirent
en communauté. Tous les ans, à la Saint-
Fiacre, le pasteur célébrait l'office dans la chapelle des révérends pères des Loges. Cet office, très grave et fort religieux, s'est changé,
avec le temps, en une foire aussi folle et
bruyante que profane.

Le Désert.

—

A une lieue et demie de Saint-Germain, et vers l'extrémité d'un vallon agréable et fertile, se trouve le Désert, jolie habitation, dont le propriétaire, M. de Monville, avait dessiné les jardins dans le genre paysagiste. La disposition originale, bizarre même, de l'habitation principale, à laquelle on a donné la forme d'un débris de colonne gigantesque et cannelée, attire l'attention du voyageur. Le diamètre de cette colonne est d'environ quarante pieds ; sa hauteur, si elle était entière, serait de trois cent soixante. Au centre de la colonne est l'escalier en vis ; entre la cage circulaire de cet escalier et la circonférence du monument on a pratiqué, jusqu'au sommet de la colonne, de petits appartements, pour la distribution desquels l'architecte avait de nombreux obstacles à surmonter. Le premier étage prend jour par des portes-croisées ; au second, les baies sont carrées ; au troisième, ovales et toujours placées dans les cannelures ; le quatrième enfin ne reçoit la lumière que par des lézardes, qui paraissent assez naturelles.

On trouve encore au Désert, que l'infortunée Marie-Antoinette se plaisait à visiter, que Delille a chanté dans son poëme des *Jardins*, une espéce de ferme d'un coup d'œil assez pittoresque, un rocher artificiel d'une imitation heureuse, dont l'effet est encore augmenté par la plantation de pins et de mélèzes qui le couvrent ; enfin un pavillon chinois qui jouissait, dans le dernier siècle, d'une grande célébrité. Au commencement de la Révolution, le Désert était devenu la promenade à la mode ; de nos jours il ne justifie que trop son nom, il est tout-à-fait abandonné.

Passy.

Le point de vue magnifique dont on y jouit, l'air pur que l'on respire, l'élégante variété de ses bâtiments, les eaux minérales qu'il possède, rendent le séjour de Passy aussi agréable que salubre. Ses beaux jardins, ses maisons de plaisance, s'élèvent en amphithéâtre sur la pente d'un coteau. Ce village, peu ancien, a pris un accroissement rapide, qu'il doit à sa belle position.

Ses eaux minérales, précieuses par leur voisinage de la capitale, sont aujourd'hui dans un jardin vaste et commode, où l'on trouve des bosquets, des allées d'arbres bien ombragées, des terrasses sous lesquelles on a pratiqué des galeries où les buveurs peuvent se promener à couvert, quand le temps ne permet pas de le faire sous les arbres. Ce jardin, auquel est jointe une fort belle maison de campagne, appartient au baron Delessert.

Le château de Passy, bâti en 1678, devait une partie de sa belle apparence à sa situation, en amphithéâtre, sur la route de Versailles ; ses jardins étaient grands et remarquables par leur belle distribution. Il avait appartenu à M. de Boulainvilliers, qui lui donna son nom. Ses possesseurs actuels, MM. Roëhn, l'ont fait démolir ; ils ont coupé le parc et les jardins par des rues cailloutées, bordées de trottoirs et de grilles soutenues par des murs d'appui et des piliers en pierre de taille, derrière lesquelles s'élèvent déja, à des distances convenablement déterminées, des maisons de campagne élégantes. Quelques unes de ces maisons sont construites en brique par des ouvriers anglais, et réunissent au mérite d'une grande économie de dépenses celui de pouvoir être habitées de suite sans inconvénient. La proximité de Paris, l'avantage de trouver des terrains tout plantés en vieux arbres, la beauté du site, la manière agréable dont sont construites les rues qui communiquent du nouveau pont de Grenelle au bois de Boulogne, près le Ranelagh, présagent un grand succès à cette spéculation, et font espérer que le nouveau village de Boulainvilliers sera le rendez-vous de la bonne compagnie.

Passy a été illustré par le séjour qu'y ont fait plusieurs hommes célèbres, attirés par la salubrité de l'air, la beauté des vues, la commodité des maisons. Franklin y séjourna; le comte d'Estaing y avait une maison; l'abbé Raynal et Piccini y moururent.

A l'extrémité de Passy et à l'entrée du bois de Boulogne, on trouve une vaste esplanade au milieu de laquelle s'élève un bâtiment appelé depuis long-temps le *Ranelagh*, et maintenant fréquenté, pendant l'été, par les amateurs des plaisirs champêtres et de la danse. Les habitants de Passy, des villages voisins, les Parisiens sur-tout, s'y rendent tous les dimanches, quelquefois même les jeudi et les samedi de chaque semaine. Pour tout dire enfin, le Ranelagh est un lieu célèbre dans les fastes de la gaieté, de la danse, et de la mode.

Auteuil.

Ce village, qui possède un grand nombre de jolies maisons, doit, de nos jours, toute sa célébrité aux souvenirs qui s'y rattachent. C'est là que venaient, loin du tumulte de la cour et de la ville, nos écrivains du premier ordre composer les chefs-d'œuvre qui font la gloire de notre littérature. Boileau, Molière, Chapelle, Franklin, Condorcet, Helvétius, Rumford, habitèrent tour-à-tour Auteuil. La maison de Boileau, que l'on voit encore aujourd'hui dans la deuxième rue à gauche, après l'église, en allant à Saint-Cloud, était l'une des plus jolies habitations de l'endroit. Boileau y faisait son séjour ordinaire pendant la belle saison; il se plaisait à y féter les plus célèbres auteurs de son temps, sur-tout Chapelle, Racine, La Fontaine, et Molière. En dînant, on causait littérature. La *Pucelle* de Chapelain était sur la table; ceux qui faisaient des fautes de langage, étaient condamnés à en lire quelques vers.

Tout le monde connaît l'aventure plaisante qui arriva à ces grands génies du siècle de Louis XIV, dans un de leurs *soupers d'Auteuil.* Le vin ayant jeté tous les convives dans la morale la plus sérieuse, leurs réflexions sur les misères de la vie et sur cette maxime que le premier bonheur est de ne pas naître, et le deuxième de mourir promptement, leur firent prendre l'héroïque résolution d'aller sur-le-champ se jeter dans la rivière. Boileau avait lui-même perdu la raison comme les autres. Ils y allaient donc, et la Seine n'était pas loin. Molière alors représenta qu'une si belle action ne devait pas être ensevelie dans les ténèbres de la nuit, et qu'elle méritait d'être faite en plein jour. Ils s'arrêtèrent et se dirent, en se regardant les uns les autres : « Il a raison » ; à quoi Chapelle ajouta : « Oui, messieurs, ne nous noyons que demain, et, en attendant, allons boire le vin qui nous reste. »

La maison qu'habitait Boileau est aujourd'hui la propriété de madame Foster ; celle de

Molière appartient à M. Choiseul-Praslin; elle est située près de l'église, monument qui ne date guère que du commencement du dix-septième siècle, bien que sa façade et sa tour soient un ouvrage du douzième. On voit, dans cette église, le tombeau d'Antoine de Nicolaï, mort en 1713, et sur la place publique, un obélisque en marbre, élevé à la mémoire du chancelier d'Aguesseau, mort en 1750.

Auteuil, situé dans une position charmante entre le bois de Boulogne et la nouvelle route qui mène à Saint-Cloud, est, dans la belle saison, le point de réunion de la meilleure société de Paris. Son bal, établi sous les verts ombrages qui avoisinent la porte de Passy, le dispute en élégance à ceux des plus brillants salons de la capitale.

Bellevue.

Rien de plus magnifique que le tableau qui s'offre au spectateur placé sur les terrasses de ce vaste château. Son œil embrasse une campagne immense, et se promène sur les bourgs, les villages, les bois, les coteaux, qui bornent l'horizon. Au pied de la montagne, on voit la Seine s'approcher, disparaître, serpenter, pour se perdre encore en immenses contours.

Bellevue appartint d'abord à un marquis venu de Saint-Malo, et qui s'était enrichi aux îles. Ce marquis prit le nom de Bellevue, de l'endroit même où il fit bâtir un pavillon. La marquise de Pompadour se promenait un jour solitairement, non loin du pont de Sèvres; tout-à-coup elle est délicieusement frappée de l'aspect enchanteur qui s'offre à sa vue. De l'endroit où elle est placée, la favorite découvre mille sites ravissants : là sera Bellevue; là s'élèvera cette maison de plaisance, dont un royal caprice fera bientôt après une résidence royale. Elle dit (c'était en 1748), et, deux ans après, une modeste habitation est transformée en une demeure somptueuse ; des jardins avaient été tracés, des bains établis, des terrasses élevées, des bassins creusés, des statues posées par-tout, et les plus belles peintures par-tout reproduites.

Louis XV, attiré bientôt à Bellevue comme en un piège, ordonna que tout fût payé de son trésor; il fit même augmenter les bâtiments. Après la mort de madame de Pompadour, et celle du roi, Louis XVI, son successeur, donna ce domaine à ses tantes. Les princesses achetèrent alors de grands terrains pour agrandir le parc. D'Isles, architecte renommé, planta cette partie. Des eaux, amenées en abondance, formèrent des étangs, des cascades. Il y eut un rocher qui coûta deux millions, et une tour de Marlborough, à l'instar de celle de Trianon. De belles vaches furent mises à paître dans la *Vallée Suisse*, et des pommiers superbes furent plantés dans la *Normandie*. Les princesses avaient un hameau, une ferme, une laiterie, où elles passaient leurs plus doux moments.

La Révolution venue, Bellevue fut mis en vente, et passa successivement entre les mains de MM. Leuchère, Testu, et Dupuis; enfin M. Guillaume, ancien maître des requêtes, s'en est rendu acquéreur. Pour en tirer parti, jetant tout par terre, vendant les pierres, vendant les arbres, les plombs, les fers, et tout les matériaux, il a conçu et exécuté le dessein de faire dans cet emplacement un joli village. Il n'a laissé intacts que le *parc anglais* et ses *fabriques*. Tout le reste a pris un autre aspect. Vingt ou trente maisons bourgeoises s'élèvent déja sur les lignes tracées dans les cours, le grand parc, les terrasses. On est là au milieu des bois de Meudon, de Sèvres, de Saint-Cloud, et l'on peut, à toute heure du jour, faire des promenades charmantes sous les plus ravissants ombrages. Déja même, depuis deux ans, les bals champêtres de Bellevue rivalisent avec ceux de Sceaux, de Saint-Cloud, de Saint-Mandé, du Ranelagh, pour le grand nombre de jolies femmes qui les embellissent ; ils sont devenus aujourd'hui le rendez-vous de la plus élégante société.

Meudon.

Parler du village de Meudon, c'est rappeler le plus ancien et le plus gai de nos philosophes français, c'est nommer Rabelais. Tour-à-tour cordelier, bénédictin, médecin, curé de village, comblé des faveurs de la cour ou disgracié, il conserva toujours sa gaieté, son esprit satirique, et son indépendance.

Plusieurs antiquaires ont fait remonter l'origine de Meudon au temps même où César guerroyait dans les Gaules. Tout ce qu'on peut dire c'est que ce village est fort ancien, puisqu'on le trouve cité dans les premiers siècles de la monarchie française. Il s'étend sur la pente d'un coteau, au pied de cette superbe terrasse qu'a fait élever Abel Servien, premier baron de l'endroit ; ses rues sont escarpées, sinueuses ; il n'a guère enfin de remarquable que son église, simple, élégante, convenablement décorée, bâtie en 1570 ; et plusieurs maisons de campagne, notables par leur élégance et la beauté de leurs jardins.

Le château de Meudon ne devint habitation royale qu'à la mort du marquis de Louvois ; c'est alors que Louis XIV l'acheta de sa veuve. Il y fit exécuter des changements considérables ; les jardins furent agrandis et replantés par Le Nôtre. Le parc est vaste, magnifiquement dessiné. Le parterre est orné d'une double rangée d'arbres. Les allées, grandes et majestueuses, avaient été prodiguées en ce lieu ; elles ont été pour la plupart abattues à l'époque des dévastations révolutionnaires. On regrette sur-tout une magnifique avenue de hêtres qui bordait la grande terrasse, et regardée comme unique dans son genre.

Meudon continua d'être une maison royale sous les règnes de Louis XV et de Louis XVI. Ce dernier monarque y vint quelquefois, pendant que mesdames ses sœurs occupaient le château de Bellevue. De nos jours, le roi y accorde, pour la belle saison, un logement à l'archevêque de Paris.

La presque totalité du territoire de Meudon est cultivée en vignes ; mais la vraie richesse des habitants consiste dans les vastes carrières de pierre qui s'exploitent, chaque jour, dans les flancs de la montagne. C'est de là qu'on a tiré les deux pierres qui forment, à elles seules, la cimaise du fronton de la façade du Louvre.

Versailles.

La route qui conduit à cette ville est l'une des plus belles du royaume. Son abord, aux environs du palais, est sur-tout admirable. L'étranger qui se rend pour la première fois à Versailles, demeure comme stupéfait à l'aspect du coup d'œil magnifique que présentent à ses regards et les palais et les édifices élevés autour de la Place d'Armes.

Versailles n'était originairement qu'un petit village entouré de collines tellement exposées aux vents, dit-on, que les blés en étaient presque toujours couchés ou *versés :* d'où probablement ce nom de Versailles. En 1627, Jean de Soissy, seigneur de l'endroit, vendit à Louis XIII sa terre et son château. Ce prince y fit ajouter un pavillon : le tout n'était pas trop imposant, puisque Bassompierre appelait cette résidence royale un *petit château de cartes.* Ce fut Louis XIV qui fit de ce bâtiment, qu'on voit encore au fond de la cour de marbre, un palais superbe dont Mansard fut l'architecte, et Lebrun le peintre.

Peu de villes en Europe peuvent être comparées à Versailles, tant pour le nombre des édifices qui la décorent, que pour la régularité de sa construction, ses rues larges et alignées, la quantité de fontaines qui l'arrosent. Trois avenues magnifiques, plantées d'arbres, la traversent, et viennent aboutir à la Place d'Armes, savoir : celles de Paris, de Sceaux, de Ville-d'Avray ; cette dernière est la plus fréquentée.

Après le château, les monuments les plus remarquables de Versailles sont : l'église Notre-Dame, d'une étendue médiocre, mais fort ornée ; l'église Saint-Louis, qui rappelle ces édifices du moyen âge où le gothique se trouvait mêlé aux ordres grecs et romains ; l'église Saint-Symphorien, dont l'élégance parfaite offre le goût si pur des temples antiques ; la Salle de spectacle, dont l'intérieur est un des plus commodes qui soient en France ; le Collège royal, l'un des plus beaux du royaume, qui, par son étendue et sa chapelle, mérite d'attirer les regards des amateurs; l'Hospice qui sert à-la-fois aux malades de Versailles, aux militaires, aux orphelins, aux enfants trouvés; enfin la Manufacture d'armes, appelée jadis le *grand commun*, qui renferme mille chambres différentes. C'est de là que naguère M. Boutet, à la téte de douze cents ouvriers, faisait sortir une immense quantité d'armes de luxe. Sa manufacture était devenue la plus célèbre de l'Europe; le 2 juillet 1815, elle fut entièrement pillée et ravagée par les Prussiens.

Que dire du château de Versailles, auquel se rattachent les souvenirs de tant de grands événements qui appartiennent à l'histoire générale de la France? Quoique dévasté et dégradé dès le commencement de la Révolution, il n'en est pas moins le plus majestueux et le plus imposant que l'on connaisse. Les talents réunis de Mansard pour l'architecture, ceux d'André Le Nôtre pour la distribution et la décoration des jardins, ceux de Charles Lebrun pour la peinture et le dessin, ayant été mis en œuvre, le succès que l'on pouvait attendre de leur génie sublime dans ces différents genres s'étant réalisé, on peut se faire une idée de la magnificence de cet édifice et de tout ce qui l'entoure. Avant la dégradation qu'il a soufferte, on pouvait le regarder comme le séjour le plus enchanteur et le plus séduisant qu'il y eût au monde. Ces vastes pièces d'eau, ces nombreuses statues, ces bosquets, ces boulingrins, ces longues allées, ces massifs d'arbres, ce parc dont un immense horizon ne laisse pas même apercevoir les limites, ces terrasses si spacieuses, si richement décorées, tant de merveilles enfin réunies excitent à-la-fois et l'étonnement et l'admiration. Si elles sont presque au-dessus de toute description pompeuse, une sèche analyse de quelques pages pourrait-elle en jamais donner une idée même superficielle?

Versailles a produit ou possédé plusieurs personnages célèbres, soit par leur naissance, leurs actions ou leur talent : au nombre des premiers, tous nos rois et princes de France depuis Louis XV; parmi les autres, l'abbé

Pellegrin, Poinsinet de Sivry, l'abbé de l'Épée, et Ducis.

On voit à Versailles plusieurs boulevarts, très bien plantés d'arbres, qui servent, avec le parc, de promenade aux habitants de l'endroit; mais les étrangers, et les Parisiens sur-tout, ne se rendent à Versailles que pour visiter le château, son parc, et tous les chefs-d'œuvre qu'ils renferment. Les jours les plus favorables à cet effet sont tous les premiers dimanches du mois; les grandes eaux jouent alors, et présentent le spectacle le plus digne de satisfaire la curiosité.

Trianon.

C'est le nom de deux charmants châteaux ou maisons de plaisance qui se trouvent dans le parc de Versailles, à peu de distance l'une de l'autre. Avant que Louis XIV eût bâti le château royal de Versailles, Trianon était un village. Ce monarque l'acheta pour agrandir son parc; le village disparut bientôt.

Le Grand-Trianon, d'abord appelé *Palais de Flore*, parceque les parterres qui l'entourent avaient été destinés à rassembler toutes les espèces de fleurs connues, est un bâtiment à l'italienne construit par Hardouin-Mansard, dans le genre le plus gracieux et le plus élégant. Il consiste en un rez-de-chaussée composé d'un corps-de-logis principal et de deux ailes en retour formant pavillons. Ces deux ailes sont unies par un beau péristyle orné de colonnes ioniques. Sur l'entablement de ce château est une balustrade chargée de vases. A l'aplomb des colonnes du péristyle se trouvent de petits Amours, armés de dards et de flèches, qui chassent de petits animaux. L'une des deux ailes de ce palais, ajoutée après coup, est construite en simples pierres de taille. On nomme cette partie *Trianon-sous-Bois*, parcequ'elle est pour ainsi dire entièrement cachée par les arbres qui l'entourent; ses appartemens donnent sur un parterre particulier. La distribution intérieure des différents corps-de-logis du Grand-Trianon a été changée sous le règne de Louis XV; mais les ameublements et les ornements restèrent à-peu-près tels qu'ils existaient sous Louis XIV. Ces ornements consistaient, pour la plupart, en tableaux enchâssés dans les boiseries des appartements. Trianon a été successivement occupé par Louis XIV, Louis XV, et Louis XVI : c'était comme la petite-maison du château de Versailles.

Louis XV, aimant à se dérober au faste des cours, venait au Grand-Trianon pour y vivre en simple grand seigneur ; mais bientôt, voulant s'isoler plus encore, il fit élever le Petit-Trianon. Sur l'avis de M. d'Ayen, son capitaine des gardes, les nouveaux jardins de cette paisible et délicieuse retraite furent consacrés à la botanique. Bernard de Jussieu rendit alors Trianon célèbre par les expériences qu'il y fit. Louis XV était au Petit-Trianon, lorsqu'il fut attaqué de la maladie contagieuse dont il mourut. Marie-Antoinette, à qui Louis XVI donna la jouissance de ce château et de ses dépendances, embellit encore le parc du Petit-Trianon en le rapprochant de la nature ; elle employa ses riches collections végétales à l'ornement du jardin le plus pittoresque et le plus agréablement irrégulier qu'il soit possible de voir.

La prédilection qu'accordait la reine à Trianon n'était que trop motivée; l'ame ne peut se défendre en effet des plus douces émotions à l'aspect de ces lieux. Ici des eaux s'échappent à gros bouillons d'un roc artificiel pour aller se perdre dans un petit lac. Un pont de bois, d'une construction légère, vous aide à franchir les cavités de ce rocher. Là, du sein des eaux, surgit une île au milieu de laquelle s'élève une rotonde : c'est un temple de l'Amour. Plus loin, et toujours au milieu des eaux, apparaît un joli belvéder de forme octogone. Enfin des bosquets, des bassins, des parterres, au bout de ce jardin anglais un hameau charmant, voilà les délices du Petit-Trianon. Hélas! ce séjour, simple et modeste, faisait le bonheur de la plus aimable des femmes, de la plus infortunée des reines.

Ville-d'Avray.

Ce village, à la proximité de Paris, de Saint-Cloud, de Versailles, est environné de bois, et situé d'ailleurs dans une position des plus agréables sur la pente d'une colline assez escarpée. Aussi plusieurs familles riches de la capitale s'y fixent pendant la belle saison, et de nombreuses maisons de plaisance, des jardins bien distribués, s'y présentent sous tous les points de vue.

On voit à Ville-d'Avray un très beau château que fit bâtir, dans le dernier siècle, M. Thierry, premier valet-de-chambre de Louis XV. Il entoura ce château d'un beau parc, de parterres, et de potagers magnifiques. Il fit tracer, sur des dessins pittoresques, une prairie animée par de belles eaux, qui se prolonge en suivant la vallée et s'étend presque jusqu'à Sèvres. Il est à observer que les diverses parties de cette propriété se communiquent par quatre ou cinq chemins souterrains qui dissimulent ainsi les routes environnantes qui les traversent.

L'église paroissiale du village, construite par les soins du même M. Thierry, se fait remarquer par la simplicité de son plan et la sagesse de sa décoration. Les étangs de Ville-d'Avray, situés sur la route de Versailles, sont les réservoirs qui alimentent les superbes eaux du parc de Saint-Cloud. Celles de la fontaine, qu'on voit au bout du village, et qui sortent de l'une des terrasses du château, sont d'une limpidité et d'une pureté si remarquables que Louis XIV les avait fait réserver pour son usage particulier : ses successeurs ont suivi son exemple. Cette fontaine, qu'on appelle toujours la *Fontaine du Roi*, est gardée par une petite enceinte de murailles; mais le surplus de l'eau s'écoule au-dehors, par un petit tuyau, pour la commodité du village.

Saint=Cloud.

Ce bourg est si ancien que son origine se confond avec celle des premières époques de la monarchie. Nos rois de la première race y avaient un palais ou maison de campagne. Saint-Cloud s'appelait alors *Novigentum*, et ce nom lui est resté jusqu'au temps où Clodoalde, fils de Clodomir, roi d'Orléans, connu depuis sous le nom de saint Cloud, vint y bâtir un ermitage, et s'y retirer pour se dérober à la fureur de ses oncles. Après sa mort, Cloud devint célèbre par les miracles sans nombre qui s'opéraient sur sa tombe. Sa grande renommée attirait au village une foule de pèlerins. Cette affluence contribua à peupler et enrichir ce lieu; de sorte que les habitants, pleins de vénération pour leur nouveau patron, donnèrent à leur village le nom de Saint-Clodoalde qui, depuis, par corruption, fut changé en celui de Saint-Cloud.

Le château de Saint-Cloud, placé sur la pente d'une colline qui borde la rive gauche de la Seine, est dans l'une des plus belles situations des environs de Paris. Il se compose d'un grand corps de bâtiments et de deux ailes en retour, avec chacune un pavillon : ce qui forme une très belle facade, d'où la vue est infiniment agréable. Quant aux jardins, quoique très irréguliers tant par la disposition du terrain que par leur enceinte, ils ont été distribués avec tant d'art par l'ingénieux Le Nôtre que tout y paraît régulier. Les terrasses, les parterres, les boulingrins, les pièces d'eau, les bosquets, enfin les variétés en tout genre d'ornements qui entourent ce superbe édifice, sont dignes de la plus haute admiration. Le parc est fort étendu ; au sommet du plateau qu'il occupe, positivement en face du château, il existe un monument qui attire toute l'attention des curieux et des promeneurs, c'est la *Lanterne de Démosthène*. On parvient au sommet de cette colonne par un escalier tournant renfermé dans son intérieur ; et, de là, la vue plane sur un panorama aussi varié qu'immense.

Les jardins hauts ou particuliers, ainsi qu'on les appelle, sont beaucoup plus spacieux que la partie constamment ouverte au public. Ils reçurent en 1823 le nom de *Trocadéro*, en mémoire de la guerre d'Espagne. Cette portion du parc de Saint-Cloud est spécialement destinée aux promenades et aux jeux des enfants de France. L'orangerie est une des plus belles qu'on puisse voir. La serre est un bâtiment richement construit, garni en dedans de poéles d'une dimension énorme et toujours chauffés en hiver.

Le bourg de Saint-Cloud est situé sur la rive gauche de la Seine. La colline qui le supporte est tellement rapide que, dans la plupart des rues, on a été obligé de pratiquer des escaliers pour y pouvoir marcher et s'y maintenir avec facilité. C'est pour ainsi dire hors du bourg, et en côtoyant les bords de la Seine, que l'on aperçoit les maisons de campagne les plus remarqua les; leurs belles dépendances, ainsi que leurs positions en amphithéâtre, les ont toujours fait distinguer des voyageurs. Il en était une où Henri III fut assassiné le 31 juillet 1589 par le fanatique Jacques Clément.

Le pont de Saint-Cloud est fort ancien ; on le trouve cité déja en 841 : il a souvent été réparé depuis cette époque, et n'a même été achevé en pierre qu'en 1810 ; jusque-là il avait encore deux arches en bois. En 1815, les Français, pour retarder la marche des ennemis, en firent sauter plusieurs arches. Aujourd'hui toutes les traces de la guerre ont disparu ; le pont est réparé, et les voitures circulent aisément de Boulogne à Saint-Cloud.

C'est dans le parc de Saint-Cloud que se tient tous les ans une foire qui commence le 7 septembre, et dure quinze jours. Il s'y fait un assez grand commerce de bijouterie, de bonbons, de petits objets de luxe, et de mirlitons. Les habitants de Paris, attirés par la beauté des jardins, la situation riante du pays, la réunion d'un grand nombre de divertissements, y courent en foule, les jours consacrés au repos, à raison sur-tout des eaux qui jouent. Cette foire, qu'on désigne communément sous le

nom de féte de Saint-Cloud , est devenue célèbre par les chansons composées en son honneur.

Choisy-le-Roi.

Choisy n'était, au temps de Philippe-le-Bel, qu'un hameau dépendant de Thiais. Mademoiselle de Montpensier y fit bâtir un magnifique château sur les dessins de François Mansard; alors il reçut le nom de *Choisy-Mademoiselle*. Plus tard, cette princesse l'échangea pour Meudon avec madame de Villeroy; puis il appartint à la princesse de Conti, au duc de la Vallière, qui le vendit à Louis XIV, en 1739. Devenu dès ce moment maison royale, le château de Choisy fut augmenté, embelli pour madame de Pompadour. C'est alors que le village prit le nom de Choisy-le-Roi, qu'il conserve aujourd'hui.

Le château de Choisy passait pour l'un des plus beaux des environs de Paris. Louis XV avait une prédilection toute particulière pour ce séjour; les artistes les plus célèbres se distinguèrent à l'envi pour concourir à son embellissement. L'ordonnance des jardins décorés de grilles superbes et de statues, les cabinets de verdure, les bassins, les bosquets et la terrasse sur les bords de la Seine, faisaient l'objet de l'admiration générale. Le roi, quand il n'était pas accompagné d'une suite nombreuse, occupait le petit château, à côté duquel se trouvait une très belle orangerie.

Il ne reste plus rien aujourd'hui ni du château de Choisy, ni de sa magnificence, ni des chefs-d'œuvre de l'art et du luxe de son ameublement. Le soc de la charrue a sillonné ses superbes jardins. La Seine, qui en baignait les bords charmants, vient de nos jours briser ses flots contre les débris d'une terrasse d'où l'œil découvre une campagne immense. Quatre manufactures se sont élevées sur les ruines de l'habitation royale.

La première chapelle de Choisy fut érigée en paroisse la première année du règne de Louis XIII; elle existait encore au seizième siècle. L'église que l'on voit aujourd'hui, décorée avec plus de magnificence que de goût, ne remonte guère qu'à la fin du quatorzième

siècle; elle fut entièrement rebâtie par les ordres de Louis XV; la dédicace en fut faite par
M. de Beaumont, avec une solennité extraordinaire: toute la cour y assista. On a fait une
remarque assez singulière au sujet de cette
église: son clocher est bien moins élevé que son
comble. La cause de cette singularité provient
de l'aversion que Louis XV avait pour le son
des cloches. Pour complaire au roi, on abaissa
l'ancien clocher à la hauteur où il est aujour-
d'hui; de sorte que, dans cette niche étroite et
écrasée, les cloches ne rendaient qu'un son
lourd et étouffé qui n'incommodait plus S. M.;
encore ne les sonnait-on que deux ou trois
coups pour annoncer la messe: dans toutes
les autres cérémonies de l'Église, on les fesait
seulement tinter.

Le pont de Choisy, bâti en 1802, a trois
cent soixante-neuf pieds de longueur et vingt-
trois de largeur; il est en bois de chêne avec
culées et piles en pierres. Ce pont est composé
de cinq travées d'un dessin élégant et d'une
construction solide. Il établit la communication entre Provins et Versailles: une très belle

17

route conduit de Choisy à cette dernière ville.

Sa position pittoresque, ses rues larges et tirées au cordeau, ses maisons élégantes et bien bâties, de jolies avenues, la proximité de la Seine, tout concourt à faire de Choisy l'un des séjours les plus riants des environs de Paris. Une société aussi brillante que nombreuse s'y réunit chaque été; ce village est très recherché, et les logements y sont rares. Gentil-Bernard avait célébré la favorite Pompadour, elle le fit nommer bibliothécaire de Choisy. Ce poëte courtisan s'y fit construire une jolie maison qui devint le rendez-vous des gens de cour, des hommes de lettres, et des artistes à la suite.

Verrières.

Verrières est un village considérable, entouré des plus agréables maisons de plaisance; sa situation à mi-côte, au-dessous du bois du même nom, le fait dominer sur toute la vallée. Son nom latin était *Verdrariæ*; les étymologistes l'ont changé en celui de *Vitreriæ*, afin de pouvoir dire que son nom vient d'une ancienne *verrerie* établie sur son territoire. Ce village est très bien bâti, il contient plusieurs habitations remarquables, entre autres *La Pouline* et la maison de Vaupereux, dont le parc de 40 arpents renferme des sources d'eau ferrugineuse.

Le château de Migneaux se recommande par sa position, qui lui donne une vue aussi étendue que variée. Il est entouré de fossés de 60 pieds de largeur, au milieu desquels coulent des eaux provenant des sauts-de-loup qui ferment la première cour. On y arrive par trois avenues de noyers. Le parc, de 80 arpents, est clos de murs sur les côtés et fermé par la rivière de Bièvre à l'une de ses extrémités.

La plus grande partie du territoire de cette commune est enclavée dans un bois qu'on appelle le *Buisson de Verrières* : c'est, sans contredit, l'un des bois les plus agréables des environs de Paris. Louis XVIII l'affectionnait beaucoup; aussi dirigeait-il souvent ses promenades de ce côté. L'érudit André Duchesne, à qui l'on doit d'utiles et vastes recherches sur les faits les plus importants de notre histoire, avait une maison de campagne à Verrières.

Châtenay.

Ce charmant village est situé à peu de distance d'Orléans, sur la pente d'un côteau planté de vignes et d'arbres. De jolies prairies, des jardins, en varient l'agréable perspective; toutefois semble-t-il enfoncé au milieu de ses vergers, de ses avenues, de ses bois, de ses vignes, et il n'est pas de séjour qui donne plus d'envie de l'habiter aux personnes qui aiment la solitude.

Châtenay, dont l'antiquité remonte au neuvième siècle, se nommait jadis *Castenatum :* ce nom latin lui vint probablement des châtaignes qui croissaient sur son territoire; le sable dont il est en partie composé le rendait en effet très propre à ce genre d'arbres. Originairement ce village appartenait au chapitre Notre-Dame, et les paysans étaient serfs des chanoines. Les droits de ces seigneurs étaient exorbitants, et les malheureux débiteurs ne les pouvaient plus acquitter. Que fit le chapitre? Il les jeta dans des cachots. Ce ne fut qu'un cri dans tout le canton. La reine Blanche en fut informée; elle gouvernait le royaume en l'absence de saint Louis. Irritée de ces actes de barbarie, qui lui étaient dénoncés comme s'exerçant sur plusieurs points, elle part avec dés gens armés, et va elle-même enfoncer les portes des tours et donjons où l'on retenait ses sujets enfermés : elle fit plus, elle ordonna l'affranchissement de ces infortunés.

C'est à Châtenay que Voltaire vit le jour. La maison à jamais illustrée pour avoir été le berceau de l'homme le plus célèbre du siècle dernier appartenait en 1812 au prince Aldo-brandini Borghèse, et plus récemment à madame la comtesse de Boignes. Parmi les autres maisons de plaisance qu'on trouve dans ce village, il faut citer celles de MM. Villaret et Lenoir-Laroche; puis, indépendamment de ces habitations, il est plusieurs petits hameaux isolés qui appartiennent encore à Châtenay, tels que ceux d'Annay, du petit Chambord, de Maladry.

La *Maladry*, au-dessus de Châtenay, se compose de trois maisons construites sur l'emplacement d'une ancienne maladrice. L'une de ces maisons est un mince cabaret; l'autre, un bâtiment à colonnes égyptiennes qui ne sont pas là du meilleur goût. La troisième appartient à un financier qui en fait une habitation très agréable, avec d'ingénieuses dépendances et une belle serre au milieu du *Buisson de Verrières*.

Le *Val du Loup* est une vallée charmante qui domine les plaines fertiles de Châtenay et de Sceaux, et que les bois de Verrières couronnent à l'horizon. C'est là que M. de Châteaubriand habita, pendant dix années, une modeste et paisible retraite; qu'il composa son admirable poëme des Martyrs. Cette maison appartenait naguère encore au feu duc Mathieu de Montmorency.

Sceaux.

Sceaux, à qui la reconnaissance des habitants a conservé le surnom de *Penthièvre* leur bienfaiteur, est un beau village, très bien bâti, et situé dans une position charmante. Il est fort ancien et s'appelait *Cellæ* en latin : ce qui indique qu'il a dû son origine à quelques cabanes bâties par de pauvres paysans. Il n'acquit véritablement d'importance qu'à l'époque où Colbert acheta des héritiers du duc de Tresmes, en 1677, la terre de Sceaux. Le château, dont l'origine datait du quinzième siècle, fut alors reconstruit par ce ministre ; les plus célèbres artistes de l'époque concoururent à l'embellir. Le pinceau de Le Brun décora les appartements ; Le Nôtre dessina les jardins ; Girardon et Pujet en exécutèrent les sculptures.

Sceaux devint le séjour favori du grand Colbert. C'est là qu'il médita ces grands projets d'administration qui ont jeté sur son nom tant de gloire. C'est là qu'il se plaisait à honorer de sa protection et les sciences et les arts. Colbert eut plusieurs fois l'honneur d'y recevoir Louis XIV. Les fêtes qu'il donnait dans cette occasion à son souverain rivalisaient en magnificence avec celles de Marly et de Versailles. La première fois que le roi vint l'y visiter, pour que les habitants du lieu en gardassent eux-mêmes le souvenir, Colbert paya, de ses propres deniers, les six premiers mois de leurs impositions.

Le marquis de Seignelay succéda à son père dans le domaine de Sceaux; puis, en 1700, le duc du Maine acquit cette terre; et la présence de ce prince, ami des arts et de la magnificence, vint ajouter encore de nouveaux charmes à ce séjour enchanteur. Sceaux dut à sa divinité, à sa muse (c'est ainsi qu'on appelait alors la duchesse du Maine), la gloire de rassembler tout ce que le dix-huitième siècle possédait de plus illustre dans les arts. C'est là que le savant Malézieu, La Motte, Fontenelle, Voltaire, et une foule d'autres littérateurs, venaient apporter le tribut de leur esprit, et contribuer, par l'agrément de leur conversation vive et animée, aux amusements des illustres personnages qui les rassemblaient.

Après la mort du duc du Maine, Sceaux passa au duc de Penthièvre. Ce seigneur ne semblait se plaire qu'à faire des heureux. Non moins ami des lettres que son père, il rassemblait également à Sceaux les littérateurs de son temps; et il avait attaché à sa personne l'aimable et sentimental Florian. Dans les tourmentes révolutionnaires le château fut vendu, démoli; et son parc magnifique, ses bosquets, ses parterres, rendus à l'agriculture. Ces lieux n'offrent plus aujourd'hui qu'une campagne nue; au milieu de toutes ces dévastations, on voit encore quelques statues debout : ce sont les derniers et tristes débris de l'ancienne splendeur du parc.

L'église de Sceaux, dédiée à saint Mamès, fut reconstruite sous Louis XI. Deux cents ans après, Colbert la fit rebâtir encore. Elle est aussi jolie qu'élégante. Son portail est sur-tout un morceau remarquable par la hardiesse, le fini et la délicatesse de ses ornements ; il est d'ailleurs d'une grande élévation et s'aperçoit de fort loin. Cette église renferme trois chapelles qui ne sont que médiocrement ornées.

Au moment de la vente du château et de ses dépendances, M. Desgranges, maire de Sceaux, aidé de quelques riches particuliers du pays, fit l'acquisition de la partie du parc où se trouvait l'orangerie. Ce lieu, embelli par ses acquéreurs, a été destiné par eux à l'amusement des habitants du bourg. C'est là que, tous les dimanches de la belle saison, il se tient un bal champêtre que fréquentent non seulement les personnes aisées de la capitale, mais qui passe encore aujourd'hui pour le plus distingué de ceux des environs de Paris.

Fontenay-aux-Roses.

Ce charmant village, situé au bas d'une colline, est traversé par un petit ruisseau qui prend naissance dans un endroit peu distant, et qu'on appelle le *Parc aux Renards*. Il s'appelait originairement Fontenay-le-Bagneux, sans doute à cause de sa proximité de ce dernier village. Son nom latin *Fontenatum* lui fut donné par allusion aux sources abondantes dont son territoire est arrosé, et son surnom est dû aux rosiers que l'on y cultive en abondance. Cette culture donne, au printemps, un aspect enchanteur à ce village; des champs entiers couverts de roses forment le coup d'œil le plus agréable, et parfument l'air des odeurs les plus suaves et les plus délicieuses.

Au reste il paraît qu'il y a déja long-temps que les habitants de Fontenay se sont adonnés à la culture des roses, qui est aujourd'hui pareillement en vogue à Romainville, à Puteaux, à Nanterre. On voit, dans les actes du parlement, que le faiseur de couronnes ou bouquets de roses du parlement, qu'on appelait *rosier de la cour*, se pourvoyait de roses à Fontenay. Or cet usage est fort ancien; dans ces temps reculés, les ducs et pairs étaient tenus de porter tous les ans, en grande cérémonie, des roses au parlement. Le roi lui-même

payait un droit de roses à cette cour souve-
raine.

Non seulement le territoire de Fontenay est particulièrement cultivé en rosiers, mais les habitants se livrent encore à la culture des fraises. Il y en a des champs tout entiers, et les jeunes paysannes de Fontenay viennent à Paris vendre chaque année les fraises qu'elles recueillent dans leur commune.

La jolie situation de ce village, son nom, son paysage, le coup d'œil charmant qu'offrent les haies innombrables de rosiers dont toutes les terrasses, les jardins, les portes de maisons sont tapissés, toutes ces causes réunies ont fait bâtir à Fontenay un grand nombre d'habitations délicieuses : la plus remarquable d'entre elles est celle de M. Ledru, qu'occupait autrefois Scarron. Son propriétaire actuel se fait un plaisir de montrer aux curieux la chambre à coucher de l'auteur du *Roman comique*. La maison qu'habitait Lopez di Véga est curieuse aussi pour le très beau puits qu'elle renferme; il a coûté plus de 40,000 francs à construire.

On trouve à Fontenay une substance minérale qui se trouve en sillons sous un sable très fin. C'était jadis un objet d'exportation dans nos comptoirs des Indes orientales, sur-tout à Pondichéry. La statue de Pierre Ier, faite à Strasbourg par Falconnet, a été coulée dans du sable de Fontenay-aux-Roses.

L'abbé de Chaulieu, ce poëte charmant qui a rappelé parmi nous les graces d'Horace et le tendre abandon de Tibulle, était né à Fontenay.

Bagneux.

C'est un des plus anciens villages des environs de la capitale. On le trouve cité, sous le nom de *Baniolle*, dès le neuvième siècle. Dans le quatorzième, on avait ajouté à son nom actuel celui de Saint-Herbland, patron de son église. Il est situé sur le plateau de la hauteur de Châtillon, dans une position des plus pittoresques. L'air y est pur ; aussi s'est-il embelli de jolis jardins et de maisons d'une construction élégante.

18

L'église de Bagneux, remarquable par son architecture, présente, dans un plan resserré, l'aspect de la métropole de Paris. Elle paraît avoir
été bâtie sous Philippe-le-Bel. Le vaisseau de
cet édifice est voûté et fort beau, et la nef décorée de petites galeries dans le genre de celles
de Notre-Dame. Sur le couronnement des bas-
côtés s'élèvent des arcs-boutants qui soutien-
nent la construction supérieure de la nef principale. Le portail paraît beaucoup plus ancien
que le corps de l'édifice. On a bâti un nouveau
clocher sur les restes de l'ancien, qui est à côté
de l'église.

L'honnête confident des ordres secrets du
cardinal de Richelieu avait fait construire à
Bagneux une très belle maison aux frais du
ministre. On y remarquait, sous un des berceaux du jardin, les statues de Mars et de Vulcain. Mars avait le visage du cardinal, Vulcain
celui de Bénicourt. Un pavillon, à l'extrémité
du jardin, donnait sur la rue Saint-Étienne.
Tout fut vendu et démoli dans la révolution
par les premiers acquéreurs. On découvrit
alors la destination mystérieuse de ce pavillon

et d'un puits non moins fameux, qui avaient
servi d'*oubliettes*.

Les vins de Bagneux étaient réputés autrefois
comme les meilleurs des environs de Paris.

Châtillon.

Le nom latin de ce village, *Castellio*, paraît
indiquer qu'il a dû son origine à quelques for-
teresses bâties autrefois sur son territoire; car
dans les dixième, onzième, douzième siècles,
le mot *castel* était synonyme de forteresse. Sa
situation, sur une éminence, a fait multiplier,
en cet endroit, les maisons de campagne; en
effet on jouit à Châtillon non seulement d'un
air pur et salubre, mais aussi d'une vue magnifique: l'œil plane sur les villages de Ba
gneux, Montrouge, Vanvres, Issy, sur les rives
de la Seine, comme au loin sur la brillante
vallée de Montmorency.

On trouve à Châtillon un grand nombre de
carrières. L'une d'elles, entre autres, est remarquable par une galerie souterraine et rampante

jusqu'à la profondeur de quatre-vingt-cinq
pieds. Cette galerie est d'une pente si douce
qu'une voiture attelée de trois chevaux peut
descendre et en tirer la pierre qu'elle fournit.

Le territoire de Châtillon, renommé d'ailleurs
pour ses légumes et ses fruits, est embelli de
plantations de cerisiers, de rosiers, de gro-
seilliers ; des noyers nombreux s'élèvent au-
dessus de ces jolis arbustes, et de grandes plates-
bandes de fraisiers parfument les jardins.

La tour de Châtillon ou de Croüy, située
sur l'éminence qui domine les derrières du
parc d'Issy, paraît avoir fait originairement
partie de fortifications bâties en ce lieu ; depuis
elle a servi à l'établissement d'un moulin à
vent : du moins telle est la tradition du pays.
Bien que détruite de nos jours, elle offre cependant encore des ruines très pittoresques.
Sous la hauteur qui supporte cette tour on
voit une très belle glacière.

FIN.

PETIT GUIDE DES VOYAGEURS.

Voitures des environs de Paris.

Montmorency, Épinay, Franconville, S.-Gratien, Eaubonne, S.-Leu, Groslay, L'Ile-Adam, Ermenonville, Mortefontaine.	Rue du F.-S.-Denis, n° 51.
Beaumont.	Rue Montorgueil, n° 49.
Saint-Brice, Écouen. . .	Rue du F.-S.-Denis, n° 23.
Belleville, Romainville.	Rue J.-J. Rousseau, n° 20.
Pantin, Bondy, Montfermeil.	Rue Saint-Martin, n° 247.
Le Raincy, Livry. . . .	Carré Saint-Martin, n° 236.
Chelles.	R. Geoffroy-Lasnier, n° 27.
Draveil.	Rue Montmartre, n° 53.
Brunoy.	Carré Saint-Martin, n° 256.
Boissy-S.-Léger, Grosbois, Brévannes.	Marché Saint-Jean, n° 16.
Conflans, Charenton. .	Rue des Tournelles, n° 20.
Vincennes, Saint-Maur, Saint-Mandé, Nogent, Fontenay-sous-Bois, Montreuil.	Rue du Bouloy, n° 23.
Neuilly, Puteaux, Nanterre, Marly, Saint-Germain.	Rue de Rohan, n°s 2 et 18.

Suresne.	R. de la Ch.-d'Antin, n° 39.
Passy.	Rue de Valois-S.-Honoré.
Auteuil.	Rue Duphot, n° 8.
Meudon, Bellevue. . . .	Rue Dauphine, n° 37.
Versailles, Trianon, Ville-d'Avray, Saint-Cloud.	Rue de Rivoli, n°s. 1 et 4.
Choisy.	Place Dauphine, n° 1.
Sceaux, Verrières, Chatenay, Fontenay-aux-Roses.	Place Saint-Michel, n° 10.
Bagneux, Chatillon.	Rue d'Enfer, n° 10.

TABLE.

FIN DE LA TABLE.